平成を象徴する言葉の「起源」!

平成新語

出どこはどこ?

中村三郎 著

柏書房

はじめに

社会や文化、芸術が時代の移り変わりとともに変化するように、言葉もまた時代とともに変わる。新たに生まれるものもあれば、徐々に消えていくものもある。かつて誰もが使っていた言葉が、現在は死語になっていることも少なくない。本来の意味とは異なる形で使用されるものもある。言葉は、使いやすいように、伝わりやすいように変化していく。

言葉が時の経過とともに変化していくなかで、その時々の新たな概念や事物を表す必要から生まれる言葉が「新語」である。それらは、従来からある言葉をいくつか組み合わせたり、一部を省略して短くしたり、あるいは言葉の意味をもじったり、という形でさまざまに生まれるが、いずれもその「時代」を映し出す鏡としての役割を持つといえよう。

そこに収録されているか否《いな》かが、その言葉の浸透度を測るバロメーターともなっている国語辞典の一大ブランド『広辞苑』（新村出《しんむらいずる》・編）が平成三十年（二〇一八）に十年ぶりに改訂された。第七版となる今回の改訂でも、新たに約一万語が追加され話題になった（ちなみに『広辞苑』の平成に入ってからの改訂は平成三年（一九九一）の第四版からで、以降平成十年（一九九八）、平成二十年（二〇〇八）の改訂を経て、第七版にいたる）。

〈現代語〉のジャンルからいくつか挙げると、「安全神話」「お姫様抱っこ」「加齢臭」「ゲリラ豪雨」「自撮り」などである。

『広辞苑』は、十年を経ても生き残っていて、「日本語」に定着したと思われる「新語」を収録するとのことだが、その言葉の意味は説明されてはいても、それを「いつ、誰が使い始めたのか」まではほとんど記述されていない。

本書では、平成に入って社会に定着し、日常的に使われるようになった新語の、意味だけではなく、それがどのようにして生まれたか、すなわち「出どこ」（出処）についても解説しようと試みた。立項した言葉は、『広辞苑』への収録を一つの基準に、平成の三十年間に誕生した新語、および昭和の時代にすでにあったが平成に入って流行語化したものである。その言葉の生まれた時代背景やエピソードなどを織り込んで、わかる限り解説することで、言葉の背景にある世相や空気をも読み解こうというものである。

平成三十一年（二〇一九）四月に天皇が退位され、平成はその幕を閉じる。その「三十年」とはどのような時代だったのだろうか——平成に誕生した言葉を収録した本書が、その時代を振り返り、改めて知るきっかけとなれば幸いである。

平成三十一年三月吉日

中村三郎

目次

《凡例》

※見出し語は、平成三十年間を、五年ごと全六章に章分けしたうえで、章内を各年ごとに区分け、それぞれ五十音順に配列した。

※見出し語の解説は、［意味］と［出処］に分け、原則として、前者でその言葉の概要を、後者でその言葉の由来や使用が始まった時期などを記した。

※音引き「ー」は、その直前の文字の母音字と同視して配列した。

例：**サイバーテロ**→さいばあてろ

※見出し語の下にある「＊第〇版」は、『広辞苑』において、本書で解説する意味での説明の初出が確認できる版を表す。また、『広辞苑』と表記が異なる言葉については『広辞苑』での表記を示した。

例：**オタク　＊第五版　「御宅」で表記**

なお、版の表示のないものは『広辞苑』に収録されていない言葉、あるいは収録されていても本書で解説する意味での説明がないものである。

※人名は敬称を省略した。

※本文中の会社・省庁名、役職などは、原則として当時のままとした。

PART 1

平成元年〜平成五年

「オタク」から「マインドコントロール」まで

【オタク】

＊第五版「御宅」で表記

［意味］漫画やアニメ、ビデオ、ファミコンなど、一つの趣味にマニアックにのめり込んでしまうタイプのこと。

［出処］白夜書房の漫画誌『漫画ブリッコ』の昭和五十八年（一九八三）六月号のなかでコラムニストの中森明夫《なかもりあきお》が使った造語とされる。漫画専門店やコミックマーケットに集まる若者たちが仲間うちの会話において、相手に「お宅《たく》は……」と話しかけることからヒントを得た言葉という。

平成元年（一九八九）に連続幼女誘拐殺人事件の容疑者宮崎勤《みやざきつとむ》が逮捕された際、彼の自室から六千本近くの大量のビデオテープが発見されるなどして「オタク」の存在が注目を浴びたことから、この言葉が一般に広まった。

【お局さま】

おつぼねさま

＊第六版「御局」で表記

［意味］ 職場を仕切る古参ＯＬのあだ名。「意地が悪い」「口うるさい」ということを表す。「さま」をつけてはいるものの、敬意を込めているわけではなく、むしろいや味なニュアンスを強調している。婚期を逃した独身女性のイメージも強く、ハイミスとかオールドミスと呼ばれる女性である。

［出処］ この言葉がＯＬたちの間で使われるようになったのは、平成元年（一九八九）に放送された大原麗子《おおはられいこ》主演の大河ドラマ『春日局《かすがのつぼね》』がきっかけである。徳川家康《とくがわいえやす》にその器量を見込まれて江戸城大奥を取り仕切り、三代将軍家光《いえみつ》の乳母として献身的に生きた春日局の一生を描いた作品だが、お局という言葉自体に悪い意味はない。宮中や江戸時代の大奥に仕えて局（自分の部屋）を与えられ、重要な役目を果たした女性の尊称で、単に身分上の名前だった。それがなぜか悪いイメージをともなって現代の「お局さま」になった。お局さまに媚《こ》びへつらう子分のような後輩ＯＬを表す「小局《こつぼね》」という新語も登場した。

【カラオケボックス】

＊第六版　「空オケボックス」で表記

［意味］　カラオケで歌うための設備がある小部屋。客の求めに応じて飲食物を提供するシステムの営業形態が多い。

［出処］　昭和六十年（一九八五）頃、岡山県岡山市で廃車になった貨物列車やトラックのコンテナを改造して設置したのが「カラオケボックス」の発祥とされる。数か月の間に岡山県のいたるところに設置され、さらに全国に広まると、平成元年（一九八九）には、十代の若者たちも利用するなど、ブームとなった。

平成二年（一九九〇）以降は通常の建物内をいくつかの個室に仕切ってカラオケ専門ルームを作ったタイプが主流になっている。ちなみにカラオケとは「歌のないオーケストラ」という意味だが、昭和四十五年（一九七〇）頃に素人《しろうと》が歌いやすいようにアレンジした伴奏音楽テープが発売されたときにこの名前がつけられたという。

【セクハラ】

＊第四版　「セクシャルハラスメント」で表記

［意味］　「性的いやがらせ」を意味する「セクシャルハラスメント（sexual harassment）」の

略。性に関することで人間性を傷つけること。学校や職場などで、主に男性が女性に対して示す、相手に不快や苦痛を感じさせる性的な言葉や行為。ちなみに女性が男性に行う性的いやがらせを「逆セクハラ」という。

［出処］ この言葉が初めて登場したのは一九七八年（昭和五十三）のアメリカである。アメリカのフェミニズム運動の活動家で女性誌「Ms」の編集者グロリア・スタイネムが作り出した造語とされる。日本で使われ出したのは平成元年（一九八九）。福岡市の出版社に勤めていた女性がセクハラを理由に上司を相手取って民事裁判を起こしたことがきっかけといわれる。

最終的に女性が全面勝訴を勝ち取ったが、日本初のセクハラ裁判だったのでテレビや雑誌などで大きな話題となった。その年の新語・流行語大賞の新語部門で金賞を受賞。

【デューダする】

［意味］ 転職すること。男性に使われる。

［出処］ 出版社の学生援護会が、平成元年（一九八九）一月から平成二十一年（二〇〇九）五月まで発行していた転職情報誌『ＤＯＤＡ（デューダ）』から生まれた言葉である。『Ｄ

ＯＤＡ』は創刊当初から積極的にテレビＣＭを展開し、人気俳優や歌手を起用したコント仕立てのＣＭで知名度を上げていった。萩本欽一《はぎもときんいち》と坂上二郎《さかがみじろう》の「コント55号」が往年のギャグコントを再現したＣＭはとくに評判を呼び、「デューダする」は男性の転職の代名詞として定着した。

また、この言葉に先行して昭和五十五年（一九八〇）頃に女性の転職を指す「とらばーゆする」という言葉が登場している。女性向け求人情報誌「とらばーゆ」（リクルート）から生まれた言葉で、誌名はフランス語で「仕事」を意味する「travail」にちなむ。

【都市伝説】　としでんせつ　＊第七版

［意味］　根拠が曖昧《あいまい》、不明にもかかわらず、まるで真実であるかのように語り伝えられている現代の噂話。

［出処］　「都市伝説」という概念を最初に見ることができるのは、フランスの社会学者エドガール・モランが一九六九年（昭和四十四）に著した『オルレアンのうわさ～女性誘拐のうわさとその神話作用』（みすず書房）においてであるとされている。一九六九年にフランス中部の古都オルレアンにユダヤ商人による女性の人身売買の噂が広まった。なぜその

ような噂が流布したのか。都市化の波に翻弄《ほんろう》される古都の光と影を追いながら噂の解明に挑むという内容の本である。

「都市伝説」という言葉が日本に登場したのは昭和六十三年（一九八八）。アメリカの民俗学者ジャン・H・ブルンヴァンの著書『消えるヒッチハイカー』（新宿書房）のなかのアーバン・レジェンド（urban legend）という言葉が、大月隆寛《おおつきたかひろ》ら民俗学者によって「都市伝説」と訳されたことによる。

日本での都市伝説は平成元年（一九八九）から平成二年（一九九〇）にかけて、主に小中学生の間で雑誌・ラジオなどのメディアを介して広まった。

事の起こりは少女向けの月刊雑誌「Ｐｏｐｔｅｅｎ」に載った読者投稿の恐怖体験がラジオで紹介されたことに始まる。都市伝説の事例には口裂け女、ネズミ入りハンバーガー、ツチノコなどが知られていたが、このとき世間を騒がせたのは「人面犬の目撃」だった。

ＴＢＳラジオの人気深夜番組「スーパーギャング　ティーンズ・ダイヤル」が人面犬の特集を組むやリスナーからすごい反響があり、たちまち騒ぎが全国に広がった。放送後、ＴＢＳには「自分も見た」という目撃情報が百五十人以上から寄せられ、局の電話が鳴りっぱなしだったという。

【濡れ落ち葉】

ぬれおちば

［意味］　定年退職した夫が妻が出かけようとすると「おれも」と言ってついてくる状態をいう。はらってもはらっても濡れた落ち葉のようにまとわりついて離れない様子から転じた言葉で、趣味のない夫に多いという。

［出処］　年月は不明だが、あるシンポジウムで一人の女性が、「邪魔でわずらわしい夫のことを最近は粗大ごみではなく濡れ落ち葉と言うようになってきた」と発言した。シンポジウムに参加していた評論家の樋口恵子《ひぐちけいこ》がその言葉を聞き、後日、「濡れ落ち葉」という言葉を新聞に寄稿した論文のなかで紹介したことから広まったと伝えられる。

類似の言葉に「燃え尽き症候群」がある。仕事もバリバリこなし意欲に満ちあふれていた夫が、定年退職したとたん燃え尽きたかのようにやる気を失い、社会に適応できなくなる状態をいうが、濡れ落ち葉はこの次に現れる症状である。平成元年（一九八九）の流行語大賞新語部門・表現賞を受賞している（表記は「濡れ落葉」）。

【あげまん】

［意味］男性に仕事運や金銭運、恋愛運など幸運をもたらす女性のこと。

［出処］昭和の初め頃、花柳界《かりゅう》の旦那衆の間で使われていた隠語。「まん」とは「間」が転化したもの。巡り合わせ、出会い、運気という意味で、その運を上げることから「あげまん」になったという。

平成二年（一九九〇）、伊丹十三《いたみじゅうぞう》監督、宮本信子《みやもとのぶこ》主演の映画『あげまん』が上映された。男になぜかツキをもたらす芸者上がりの女に翻弄《ほんろう》される男たちの姿をコミカルに描いた作品だが、意味深なタイトルのせいもあって大ヒットしたことから、この言葉が全国に知られるようになった。「まん」は女性器の俗語「まんこ」を略したものとする説もあるが、伊丹監督は映画の制作発表の際、「まん」は「間」からきたもので、決して女性器を意識したタイトルではないことを強調したというエピソードが残されている。この時期に「あげまん」の反対を意味する「さげまん」という言葉も登場した。

【ＡＯ入試】

エーオーにゅうし

＊第六版

［意味］「ＡＯ」とは「admissions office（入試担当部門）」の略で、正式名称は「アドミッションズ・オフィス入試」。学力テストはなくスポーツや芸術、社会的な活動など一芸一能に秀でた学生を評価して入学させる大学の推薦入試制度。

［出処］ＡＯ入試が最初に行われたのは慶應義塾大学の湘南藤沢キャンパス（総合政策学部・環境情報学部）である。平成二年（一九九〇）の開設と同時にアメリカの推薦入試を参考に導入。学力だけでなく何かに真剣に取り組む学生を受け入れる制度を築いた。平成五年（一九九三）には早稲田大学や同志社大学などの私立大学が、その翌年には立教大学、法政大学なども導入。さらに平成十二年（二〇〇〇）には九州大学や筑波大学などの国立大学にも導入され、入試の一つの形として普及していった。ＡＯ入試を実施している大学は平成三十年（二〇一八）末現在、全国七百六十四校中五百五十九校を数える。

【オヤジギャル】

［意味］自分の父親世代がするような行動を好んでやる女性のこと。パチンコや競馬など

のギャンブルをやり、居酒屋で一杯ひっかけ、「夫など面倒くさい」と結婚を見送っている男並みの行動力をもつ若い女性を指す。

［**出処**］ 平成元年（一九八九）から平成四年（一九九二）まで週刊誌「ＳＰＡ！」に連載された中尊寺《ちゅうそんじ》ゆつこの漫画『スイートスポット』の女性主人公に由来。女性でありながらオヤジのような行動をする大手物産会社に勤めるＯＬ小山田ノンに対して使われた言葉だが、漫画が人気になるとのちにそういった行動をとる女性に用いられるようになった。駅の立ち食いそばを平気で食べる、電車のなかで臆面もなくスポーツ新聞を広げる、といった行動も「オヤジギャル」の典型とされ、平成二年（一九九〇）の流行語大賞で新語部門・銅賞を受賞。

【静脈産業】

じょうみゃくさんぎょう

［**意味**］ 人体の血液循環において、酸素や栄養素をのせた血液を心臓から体の各部へ運ぶ動脈に対して、体の各部で酸素や栄養素が消費されて役目を果たした血液を再び心臓まで運ぶのが静脈である。この静脈の働きに相当するのが産業界における「静脈産業」である。つまり消費されて不要になった廃棄物（ごみ）処理とリサイクルを行うことを指す。

［出処］　五〇年代の高度成長期より大量生産・大量消費で廃棄物が激増した平成二年（一九九〇）頃に一般に知られるようになった言葉と思われる。

この言葉の初出記事かどうか定かではないが、平成元年（一九八九）八月三十一日の読売新聞朝刊の社説〈都市は〝トイレ〟なきマンション〉で次のような記述を見ることができる。

ごみ対策の決め手は資源リサイクルにあるとして、「ものを作る側を動脈産業と呼ぶなら廃棄物の処理は静脈産業だ」。

【ハローワーク】　＊第六版

［意味］　職業安定法に基づいて求人情報の提供、職業紹介、失業給付などを無料で手がける国の行政機関。正式名称は昭和二十二年（一九四七）に誕生した「公共職業安定所」。

［出処］　平成元年（一九八九）に現在の厚生労働省にあたる旧労働省が公共職業安定所の愛称を一般から公募。四千余りの応募のなかから選ばれたのが「ハローワーク」である。平成二年（一九九〇）からこの名称が使われたが、「〝こんにちは、お仕事〟なんてネーミングはきれいごとだ」という意見もあって、当初は一般への受けはいまひとつだったとい

う。だが次第に違和感は消え、三十歳未満を対象にした「ヤングハローワーク」や子どもをもつ女性を対象にした「マザーズハローワーク」なども開かれ、多様化・利便性が進み、社会に認知されるようになった。

【メセナ】

＊第四版

[意味]　フランス語（mécénat）で、企業による芸術文化の支援活動のこと。古代ローマの政治家で文芸活動を庇護《ひご》したマエケナス（Maecenas）に由来。

[出処]　メセナは六〇年代にイギリスやフランスなどヨーロッパで推進団体が設立され、活動したことに始まる。日本でも七〇年代から活動に理解を示す企業が現れ、平成二年（一九九〇）にはヨーロッパにならって「企業メセナ協議会」を設立。これを受けて経団連もバックアップすることに。

平成二年以前は企業が文化活動を支援するときはスポンサーとして企業名を出すことを条件としたが、企業メセナ協議会の設立以後は見返りを求めない地道な活動を続けた。バブル崩壊以降は活動から撤退する企業が増えたが、しかし言葉として社会に定着している。

【ワーキングプア】

＊第七版

［意味］　懸命に働いても税金や保険金、ローンの返済などで貧困から抜け出せない就業者のこと。バブル経済崩壊以降の長引く不況にあって、多くの企業が賃金の高い正社員の新規採用を抑え、賃金の安いアルバイト、パートタイマー、契約社員、派遣社員などの非正規雇用者を増やすことで総人件費を削減した結果による。

［出処］　英語でworking poor。「働く貧困層」「働く貧者」などと訳され、八〇年代のアメリカで低所得者の増加によって生まれた言葉。

貧困問題の研究で知られ、『現代の「低所得層」—「貧困」研究の方法』（未來社）の著書がある社会学者の江口英一《えぐちえいいち》が日本に紹介したことから広く知られるようになった。

【ウルトラマン世代】

ウルトラマンせだい

[意味] カラーテレビ、カー、クーラーが「新三種の神器《じんぎ》」ともてはやされた時期に育ち、小学生の頃にテレビ放映された「ウルトラマン」に熱狂した、昭和三十年代後半に生まれた世代。

[出処] 「ウルトラマン」は特殊撮影の神様といわれた円谷英二《つぶらやえいじ》の監修で、昭和四十一年(一九六六)から翌年にかけてTBSテレビで放映された。

平和のために戦う科学特捜隊のハヤタ隊員が身長四十メートルの超人「ウルトラマン」に変身する特撮テレビ番組で、子どもたちは、テーマソングを口ずさみ、「シュワッチ」の掛け声は流行語になった。

このウルトラマンに夢中になり、自ら「ウルトラマン世代」と名乗る三十代の大学助教授や講師など二十五人が集まって「仮想現実学会」なる研究会を設立。平成三年(一九九一)十二月に『ウルトラマン研究序説』(中経出版)を出版した。怪獣や宇宙人の攻撃から地球を守るウルトラマンと科学特捜隊を組織や法律、経済、技術などの面から分析した〝危機管理〟の本で、この出版の成功で「ウルトラマン世代」という言葉が社会に認知された。

【お立ち台】おたちだい

［意味］　周囲から、より見やすく目立ちやすくするために床面より高く設けられたステージ。

［出処］　「お立ち台」という言葉が、この意味で一般的に使われるようになったのは九〇年代初頭のディスコクラブにおいてである。発祥の地は東京六本木のスクエアビルにあった「ギゼ」であるとされ、続いて東京麻布十番の「マハラジャ」、六本木の「ＡＲＥＡ」などが開業。そして平成三年（一九九一）五月東京芝浦に開業した「ジュリアナ東京」がメディアで盛んに報じられたことで社会に広く知れ渡った。

奇抜かつ派手なボディコンファッションで扇子を振りながら踊る「お立ち台ギャル」の姿はバブル景気の象徴として取り上げられたが、いまではそうしたディスコもほとんど消滅。それ以前から、プロ野球においては、試合終了後のヒーローインタビューで選手が上がる台として呼ばれていたが、こちらはいまでもふつうに使われている。

【火砕流】

かさいりゅう

＊第三版

［意味］　火山の噴火によって火口から噴出した高温の溶岩や火山灰が空気や水蒸気と混じり合い、高速で山の斜面を流れる現象。噴火の規模、様子によって軽石流《かるいし》、スコリア流、火山灰流などとも呼ばれる。鉄や銅を容易に溶かしてしまう一千度以上になるものもあり、自然災害のなかでも甚大《じんだい》な被害を引き起こす最も警戒すべき現象といわれる。

［出処］　「火砕流」という言葉は五〇年代後半に火山学者である荒牧重雄《あらまきしげお》によって使われ始めた「火山砕屑流《さいせつ》」の略語。平成三年（一九九一）六月、長崎県の雲仙《うんぜん》・普賢岳《ふげんだけ》の噴火で大規模な火砕流が発生し、メディアで盛んに報道されたことから、この言葉が一般に知られるようになった。

【環境難民】

かんきょうなんみん

＊第六版

［意味］　地球での大規模な自然環境の変化や環境破壊によって生活基盤を失い、住んでいる土地を離れざるを得なくなった人々。原発事故による放射能汚染、気候変動による砂漠化や旱魃《かんばつ》、森林伐採による洪水などが主な要因である。

［出処］　一九九一年（平成三）五月、バングラデシュがサイクロンによる大洪水で十四万人にも上る犠牲者を出した。サイクロンはインド洋周辺に発生する熱帯性低気圧で日本における台風の性質をもつ。バングラデシュは国土の五十パーセント以上が海抜七メートル以下と低地が多く、ひとたびサイクロンが発生するとほぼ毎回大雨、高潮、洪水に見舞われる。

この大洪水は、過去に例の少ない記録的な被害だったため世界中に報じられ、アメリカの環境問題研究所・ワールドウォッチ研究所が、同研究所の発行する『地球白書』のなかで「環境難民」という言葉を用いてその自然災害の深刻さを訴えたことから、世界に広まった。

平成二十三年（二〇一一）三月に起こった東日本大震災と東京電力福島第一原発の大事故では五十万人にも上る避難民を出したが、環境難民は世界で毎年一千万人を超えると推定されている。

【散骨】　さんこつ　＊第五版

［意味］　遺骨を細かく砕いて海や野山に撒《ま》く葬送法。海に撒く「海洋葬」と呼ばれる散骨

が一般的。

［出処］　散骨は紀元五世紀頃に仏教の発祥地であるインド（ガンジス川流域）に始まり、アジア一帯に広がったといわれる。火葬が多いチベット、ブータンなどの仏教国を中心に、やがてキリスト教圏のイギリス、チェコなどのヨーロッパ、その後、アメリカ全土に普及した。

日本における散骨の歴史も古く、『万葉集』に散骨を詠んだ歌が残っている。

「秋津《あきつ》野《の》を　人のかくれば　朝撒きし　君が思ほえて　嘆きはやまず」

「珠梓《たまづさ》の　妹《いも》は珠かも　あしひきの　清き山辺に　撒けば散りぬる」

亡くした妻の遺骨を山野に散骨した夫が妻を恋する心情を詠んだ歌である。また、『続日《しょくに》本後紀《ほんこうき》』には淳和《じゅんな》天皇が「人は死ねば魂は天に昇ってしまうのだ。それを墓などつくるから魔物にとりつかれ、いつまでも祟《たた》られるのだ」として、自分の遺骨は散骨するように命じたと書かれている。

このように昔は散骨が行われていたが、現代においては長い間見られなかった。刑法百九十条（死体損壊等罪）から違法と考えられてきたからである。

散骨が違法との解釈のために実現しなかった有名な例として、昭和の大スター・石原裕次《いしはらゆうじ》郎《ろう》があげられる。昭和六十二年（一九八七）に裕次郎が亡くなった際に、兄である作家の慎太郎《しんたろう》が「弟は海を愛していたので、遺灰は太平洋に還してやりたい」と願ったのだが、法律に照らして断念したのだった。

散骨が行われる契機となったのは平成三年（一九九一）。ＮＰＯ法人「葬送の自由をすすめる会」が三浦半島沖の相模湾で海洋葬を実行した。これがマスコミで報道され、法務省から「刑法百九十条の規定は社会的習俗としての宗教的感情などを保護するのが目的であり、葬送のための祭祀《さいし》で節度をもって行われる限り違法ではない」との見解を引き出した。以後、会の活動の成果もあり、現在では散骨はそれなりの市民権を得るまでに広まった。あくまでも葬送であり、追悼の意をもって行うこと、他人の土地に無許可で撒かないこと、散骨場所の周辺に暮らす住民感情に配慮すること、を前提にすれば散骨という葬法も認められるということである。

【時短】　じたん　＊第四版

［意味］「労働時間短縮」の略。働きすぎによる過労死防止をはじめとする労働者の健康確保や、家事・育児といった生活時間の拡大につなげるための労働時間の削減である。

［出処］平成三年（一九九一）の春闘で大きくクローズアップされた言葉である。ちなみ

に春闘とは毎年春に各企業の労働組合が経営者側に対して賃上げなどの労働条件の改善を要求する運動のこと。働きすぎ日本の象徴といわれる過労死が深刻化するなかで「時短」がその年の最大のテーマとなった。

四月から始まった春闘で、労働者側は時短と賃上げを一緒に掲げて要求したが、経営者側は、時短は前向きに検討するが賃上げはむずかしいと主張。両者は討議の結果、労働者側が折れて賃上げは前年のまま据え置かれたが、時短のほうは、千九百六十時間だった年間総労働時間を平成五年（一九九三）度には千八百時間に減らす取り決めがなされた。

時短は一歩前進したわけだが、時短を本格的にスローガンとした初の春闘だったので、この年は〝時短元年〟と呼ばれる。その後、バブル崩壊で不況になった影響もあって時短は徐々に進み、土曜、日曜が休みの週休二日制の実現につながっていった。また、時間をかけない「時短料理」「時短家事」といった言葉も生まれた。

【セックスレス】

＊第六版

［意味］　英語表記はsexless。結婚しても性的関係をもたなかったり、ほとんど夫婦生活がない状態のこと。

【出処】　この言葉は平成三年（一九九一）、日本性科学会で、順天堂大学医学部附属浦安病院精神神経科の阿部《あべ》輝夫《てるお》助教授が初めて使用したとされる。日本性科学会はセックスレスを「特殊な事情が認められないにもかかわらず、カップルの合意した性交あるいはセクシャル・コンタクトが一か月以上なく、その後も長期にわたることが予想される場合」と定義している。
阿部によると、セックスレス夫婦は性交しないこと以外は何の面倒も起きないことが多く、セックスレスを原因に離婚しようとは考えていないという。

【オーガニック】

＊第五版

［意味］　英語表記は organic。「有機の」という意味で、農薬や化学肥料を使わないか、極力使用を抑えて堆肥《たいひ》や緑肥などの有機肥料によって生産される農産物およびその加工食品のこと。

［出処］　オーガニックという言葉が世界で最初に使われたのは、有機農業の父といわれるイギリスのアルバート・ハワードが一九四三年（昭和十八）に著した『農業聖典』（日本有機農業研究会）のなかにおいてである。以降、世界各国でオーガニックが生産されたが明確な規定はなかったので、土づくりや栽培方法などがまちまちで、有機農産物ならすべてオーガニックと呼ばれる状態だった。

一九九〇年（平成二）、アメリカでオーガニックの厳しい規定を定めた「有機食品生産法」が制定されると、日本でもオーガニックに対する関心が高まった。平成四年（一九九二）に農林水産省によって規則が示されるとオーガニックという言葉が農業関係者の間でにわかに注目されるようになった。規則は〈有機農産物及び特別栽培農産物に係る表示ガイドライン〉というもので、「化学的に合成された肥料及び農薬を避けることを基本として播種または植付前の二年以上（多年生作物にあっては最初の収穫前三年前）の間堆肥等による土づくりを行ったほ場《ば》において生産された農産物」とされている。

オーガニックは当初なかなか消費者に浸透しなかったが、現在はアレルギーやアトピーに悩む人だけでなく自然食志向、健康食志向の人たちに受け入れられている。

【指定暴力団】

していぼうりょくだん

＊第七版

［意味］　その構成員が集団的または常習的に暴力的行為等を行うことを助長する恐れが大きいとして、暴力団対策法に指定された暴力団のこと。
［出処］　平成四年（一九九二）三月に施行された「暴力団員による不当な行為の防止等に関する法律」（暴力団対策法）にもとづいて定められた名称である。
暴力団対策法が施行されるまでは暴力団であるかどうかの認定は警察の捜査にもとづいて行われていたが、この法律で暴力団の定義がなされ、以下のような条件を満たす団体が指定暴力団と定められた。

賭博《とばく》・殺人などの犯罪歴をもつ構成員が一定の比率以上を占める、トップが暴力的威嚇《いかく》で強力なリーダーシップを発揮して統率している、構成員が所属団体の威力を利用して資金を得ている——この三つの条件を同時に満たす暴力団である。つまり社会的影響力がさほどない小規模な暴力団と区別する呼び方だが、なかには「指定」されるのは一流の暴力団である証明だから名誉なことと受け取っていた向きもあった。

相手をだまして金品を巻き上げたり、飲食店などに用心棒代（みかじめ料）を要求したり、また、不当に債権を取り立てるなど禁止行為に違反した指定暴力団員には「中止命令」が出、それに背くと一年以下の懲役か百万円以下の罰金が科せられる。平成三十年（二〇一八）末現在、指定暴力団は全国に二十四を数える。

【少子社会】　しょうししゃかい

［意味］　出生率の低下によって親世代より子世代が減り、総人口に占める子どもの数が少なくなった、「少子化」した社会のこと。

［出処］　少子化は先進国にみられる一般的な傾向だが、日本でもその傾向がきわめて強く今日の社会問題になっている。

一人の女性が一生の間に産むと見込まれる子どもの数を「合計特殊出生率」というが、その数は戦後から団塊の世代が生まれた昭和二十四年（一九四九）まで四・五人前後だったが、以降は低下が続き平成に入ってからは一・五人代以下と減少した。男女とも初婚年齢が高くなっていること、結婚後も働く女性が増えていること、子育ての公的援助が十分でないことなどが要因とされている。

少子化を懸念した政府は平成四年（一九九二）の『国民生活白書』（経済企画庁）で実態を報告している。〈少子社会白書〉が副題で、そのなかで初めて「少子社会」という言葉が使われた。ちなみに白書では、「出生率の低下やそれに伴う家庭や社会における子どもの数の低下を少子化、子どもや若者の数が少ない社会を少子社会」というと説明されている。

【清貧】 せいひん ＊第一版

［意味］　質素で貧しいながら、心が清らかで私利私欲に走らず誇りをもって生きること。

［出処］　この言葉が社会に広まったのは平成四年（一九九二）に出版された作家・中野《なかの》孝《こう》次《じ》の著書『清貧の思想』（草思社）がきっかけである。西行《さいぎょう》や吉田《よしだ》兼好《けんこう》、松尾《まつお》芭蕉《ばしょう》といった風流人の簡素な暮らしを紹介しながら、シンプルな生活を心がけ、心の豊かさを追い求

めることを説いたエッセーで、六十万部を売る大ベストセラーとなり一大ブームを起こした。

「清貧」という言葉自体は古くからあったが、ちょうどバブルがはじけた時期と重なり、この言葉が新鮮な響きをもって改めて迎えられたのである。

【フロント企業】

フロントきぎょう

［意味］　暴力団の周辺企業。暴力団を背景とした合法的な企業活動を行い、利益を暴力団に提供している企業。

［出処］　フロント企業には大別して二つの形態がある。一つは暴力団が設立し、その経営に関与しているケース。もう一つは暴力団と付き合いのある者が経営する企業で、暴力団に資金提供を行って暴力団の組織維持に協力しているケースである。

フロント企業は平成四年（一九九二）に施行された「暴力団員による不当な行為の防止等に関する法律」（暴力団対策法）によって生まれたといえる。暴力団組員が不当な行為を行えば罰則を課せられることになったため、暴力団は法律から逃れられる〝隠れ蓑《みの》〟としてフロント企業を設立したのである。

バブル時代まで暴力団は裏の社会で活動していたが、暴力団対策法が成立すると、表向きは暴力団と無関係を装った「フロント企業」の経済活動によって次第に表の社会に進出するようになった。フロント企業が進出している業界は金融業、不動産業、建設・土木業、風俗業、飲食業と多岐にわたり、近年は人材派遣、産業廃棄物処理などの業界にも進出している。

【ほめ殺し】

ほめごろし　　**＊第五版「誉め殺し」で表記**

［**意味**］相手を称えてほめ尽くすことで増長させ、窮地に陥れること。最初から窮地に陥れることを目的として「ほめる」意味もある。

［**出処**］元々は能や歌舞伎の伝統芸能の世界で用いられてきた言葉で、才能を現し将来を有望視される若手を必要以上にほめそやすことで天狗にさせ、その才能をつぶしてしまうことを指した。転じて、敵対する相手を非難するのではなく逆に賞賛することで結果的にイメージダウンさせる、一種のいやがらせ。政治団体の演説活動に使われる戦術の一つとされる。

昭和六十二（一九八七）の自民党総裁選に立候補していた竹下登《たけしたのぼる》に対して右翼団体が「日

本一お金儲けの上手な竹下さんを総理大臣にしましょう」などと「ほめ殺し」活動を展開。これを知った東京佐川急便社長が暴力団に仲介を頼み、活動を止めさせたという。この出来事は平成四年（一九九二）に週刊誌「サンデー毎日」で〝佐川スキャンダル〟として報じられた。「自民党総裁選に暴力団がからんでいた」とするキャンペーン記事が連載され、以降メディアに「ほめ殺し」という文字があふれた。

【アイコンタクト】

＊第六版

［意味］　英語表記はeye contact。相手の目を見たり、視線を送り交わすことでお互いに意思の疎通を図ること。欧米においては、会話時のアイコンタクトは基本的なマナーとされている。

［出処］　平成四年（一九九二）にサッカーの日本代表監督に就任したオランダ人のハンス・オフトが選手を指導する際によく用いた言葉である。

球技などのスポーツの場合、たとえばサッカーにおいてボールを所持している選手は、他の選手に目線を送ることでパスを出すと合図する。逆にパスを受けたい選手はボールを所持している選手に目線を送ることでパスがほしいと合図する。声をかけたのでは相手選手に次のプレーを悟られてしまうからである。

この連携プレーを重視したオフト監督はアイコンタクトを徹底的に教え込み、選手たちに浸透させた。サッカーの世界では常識的な用語だったが、翌平成五年（一九九三）にJリーグが誕生して試合がTV中継されるようになるとサッカー以外でも頻繁《ひんぱん》に使われ、いまでは一般的な言葉になっている。

【コギャル】

［意味］ 流行に強い関心をもち、派手なファッションやメイクで盛り場にたむろして遊ぶ女子高校生のこと。ミニスカートにルーズソックス、日焼けサロンで焼いた小麦色の肌、茶髪《ちゃぱつ》（P46参照）が定番スタイル。ちなみに、これが中学生なら「マゴギャル」と呼ばれた。

［出処］ 「高校生ギャル」の略から生まれた言葉といわれ、平成五年（一九九三）頃から写真週刊誌「FRIDAY」などの媒体に登場し始めたようである。ただし一般的に使われるようになったのは平成八年（一九九六）以降という。

平成五年頃から東京渋谷のファッションビル〈SHIBUYA109〉やセンター街などに集まるようになり、平成八年頃には新宿や池袋の繁華街にも広まった。「egg」や「Cawaii!」といったギャル雑誌も発売され、平成十年（一九九八）頃には、顔を黒く塗り、目の周りを白く縁《ふち》取った「ガングロ」メイクも流行し、そうした少女は見た目から「ヤマンバギャル」と呼ばれた。

九〇年代に一世を風靡《ふうび》した「コギャル」も今日ではほとんど死語に近いが、アメリカなどの外国では少女を指す一般的な言葉として認識されている。

【サポーター】 ＊第五版

［意味］　熱狂的なサッカーファンのこと。英語表記はsupporter。訳すと「支持者」で、サッカーでは「特定のクラブチームを支援する人」という意味がある。スタジアムに頻繁《ひんぱん》に足を運んだり、特定の選手を激励したり、ときには募金活動で金銭的な支援をしたりするなど、選手と一体となるパフォーマンスでクラブチームを応援するため、単なるファンと線引きしてサポーターという言葉が使われている。

［出処］　「サポーター」という言葉は、「サポーターズ・クラブ」というヨーロッパで生まれたサッカー特有のファンクラブに由来する呼び方で、サッカーという「文化」を象徴する言葉の一つである。

平成三年（一九九一）十一月に日本プロサッカーリーグ（Jリーグ）が設立され、平成五年（一九九三）五月十五日から最初のシーズンが開幕した。開幕戦はヴェルディ川崎対横浜マリノス。試合は２－１で横浜マリノスが勝利したが、この時期から「サポーター」という言葉が、日本でも広く使われ始めたようである。最近はプロ野球の応援団など、サッカー以外のさまざまなスポーツでも「サポーター」を名乗るファンが出現している。

【シネコン】

＊第五版　「シネマコンプレックス」で解説

［**意味**］「シネマコンプレックス（cinema complex）」の略。一つのビルに五つ以上のスクリーン（上映室）がある映画館。複合型映画館とも呼ばれる。ワンフロアに複数のスクリーンが設置されており、多数の作品が上映されるため、客は自分の好みの作品を選ぶことができる。

［**出処**］　シネコンの歴史は古く、六〇年代のアメリカに誕生した。日本にシネコンが登場したのは平成五年（一九九三）の四月で神奈川県海老名《えびな》市にあるワーナー・マイカル・シネマズ海老名が第一号とされる。

シネコンはたいていの場合、ショッピングセンターに併設された郊外型の複合施設である。ショッピングセンターとシネコンの双方の集客効果をねらったもので、また、ショッピングセンターの駐車場を利用できるため、車で来る客層も取り込めるからである。

主なシネコンにワーナー・マイカル・シネマズの後継であるイオンシネマのほか、TOHOシネマズ、MOVIXなどがある。

【マインドコントロール】 ＊第五版

［意味］ 和製英語で、英語表記はmind control。人の主義、信念を操作し、なにがしかの考え、思想へと誘導するテクニック。

［出処］ 一般的にマインドコントロールは、柔道やボクシングなどのスポーツ選手が平常心を保ったり集中力を高めたりするために自分のメンタリティーを統制することや、他人のそれを支配することに応用されるが、この概念が語られるようになったのは七〇年代のアメリカとされる。マインドコントロールによって新興宗教の信者が正しい判断力を失い、まったく別の人格に変貌してふつうの生活ができなくなったことが多く報告されたのである。

日本では、元新体操選手の山崎浩子《やまさきひろこ》のケースがよく取り上げられる。韓国で創設された宗教団体の統一協会（世界基督《キリスト》教統一神霊協会）に入会していた山崎は、平成四年（一九九二）八月に統一協会による合同結婚式に婚約者と参加した。しかし統一協会の布教活動に疑念を抱いた彼女は、翌年の四月に婚約の解消と統一協会からの脱会を表明。記者会見で「マインドコントロールされていました」と発言したことから、この言葉が広く知られるようになった。

コラム

平成「消えた」言葉

その規模にもよるが、辞書はだいたい五年から十年のサイクルで「改訂版（新版）」を刊行する。その改訂で新たに加えられる言葉があるわけだが、削除される言葉はどうなのだろう？

『広辞苑』を例にとると、一度掲載した言葉は削除しないのを原則としている。しかし、時に例外もある。

「第七版」の改訂では「基本値段」、「給水ポンプ」、「スーパー特急」、「昼《ひる》つ程《ほど》」などの言葉が削除された。

また、平成十年（一九九八）に改訂された「第五版」で新たに掲載されたものの、平成二十年（二〇〇八）に改訂された「第六版」で削除された異例のケースがある。宮城県築館町《つきだてまち》で発掘された「上高森遺跡《かみたかもりいせき》」がそれで、これは発掘後の平成十二年（二〇〇〇）に、旧石器捏造《ねつぞう》事件が発覚、旧石器時代遺跡としての正当性を失ったためである。

なお、各界で活躍した著名人の掲載については、外国人の場合は存命中でも載せることがあるのに対し、日本人については物故者に限られている。これも『広辞苑』の特徴といえよう。

PART 2

平成六年〜平成十年

「エンバーミング」から「老人力」まで

【エンバーミング】

＊第七版

［意味］　英語表記はembalming。遺体をきれいに長期保存するために防腐処理や修復、化粧などを施す技法。「遺体衛生保存」と訳される。

［出処］　エンバーミングの始まりは防腐・修復の観点から古代エジプトのミイラにまで遡《さかのぼ》ることができるが、その技術が急速に発達したのは一八六一年に起きたアメリカの南北戦争といわれる。土葬がふつうだったアメリカでは、戦死者を遠く離れた故郷に帰すためには遺体を保存する技術が必要とされたからである。

日本では平成二年（一九九〇）頃から用いられていたようだが、遺体からの感染症防止、適切な保存の実施と普及を目的とした一般社団法人日本遺体衛生保全協会（ＩＦＳＡ）が平成六年（一九九四）に設立されたことでだんだん発展、技術も発達していった。

ほぼ百パーセントが火葬であることや、人が亡くなると速やかに葬儀を行うという習慣が根づいているため、日本にエンバーミングは必要ないという考えもある。しかし、遺族の悲しみを癒《いや》す有効的な手段としてその効果が認められており、需要は年々伸びている。ＩＦＳＡでは優秀な技術者に協会認定の資格をあたえている。その有資格者はエンバーマー（遺体衛生保全士）と呼ばれ、ＩＦＳＡによれば平成三十年（二〇一八）現在、国内で約百二十人が活動しているという。

【価格破壊】 かかくはかい ＊第五版

［意味］　商品の価格が大幅に下がること。安売りが広がる現象。

［出処］　バブル崩壊後、安くないと商品が売れなくなり、平成六年（一九九四）頃から価格引き下げ現象が起こり始めた。大規模スーパーマーケットやディスカウントストアの出現によって、それまで商品の価格決定権を握っていたメーカーが価格維持能力を失ってスーパーなどの小売店に価格決定権が移り、小売店が価格を決めるようになったからである。また、円高を背景に輸入品の安売り競争も起きた。

城山三郎《しろやまさぶろう》の作品に『価格破壊』（昭和四十四年・光文社）という経済小説がある。スーパーマーケットの経営者たちの流通革命をリアルに描いた作品だが、「価格破壊」という言葉はこの小説のタイトルに由来する。

価格破壊は日本の市場が厳しい変革の時代に直面していることを象徴する九〇年代の社会を代表する言葉の一つと評される。

【地ビール】 じビール

＊第六版

［意味］ 主に地方の小規模ビール製造会社で生産されるビール。近年は「職人技のビール」「手づくりのビール」という意味の「クラフトビール（craft beer）」と呼ばれることが多い。

［出処］ 平成六年（一九九四）の酒税法改正でビールの最低製造数量基準が引き下げられると、全国各地に小規模なビール製造会社ができ、そこで生産されるビールが「地ビール」と呼ばれた。

発売されるとたちまち人気になり、平成十二年（二〇〇〇）頃の最盛期には三百社以上の製造会社が生まれた。大手メーカーの製品にくらべると販売価格が高いうえに賞味期限が短く、生産量も少ない。加えて価格の安い発泡酒が売り出されるなど、不利な条件があるにもかかわらず、その人気は根強い。

【ゼロエミッション】

＊第六版

［意味］　エミッションは英語表記でemission。廃棄物の意で、産業によって排出される廃棄物をゼロにする構想。

［出処］　国連大学（東京都渋谷区）が平成六年（一九九四）に提唱した取り組みで「ゼロエミッション研究構想」ともいう。その二年前に開かれたリオデジャネイロ地球サミットで採択された、二十一世紀へ向けての行動計画「アジェンダ21」を受けてのものである。

ゼロエミッションは自然の生態系を手本にしている。自然界では食物連鎖によって、ある生物の排出物やその死骸は他の生物の食物となるムダのない仕組みでつながっている。これと同様に、ある産業から排出された廃棄物を他の産業の資源として活用することで廃棄物をゼロにできるのではないかという考え方である。

また、廃棄物を他の産業の資源に回すことで新たな産業が生まれたり、再利用の際に発生する余熱を給湯や冷暖房に役立てたり、廃棄物を固形燃料にして発電エネルギー源に利用するなど産業とエコロジーの両立を目指している。

環境に対する意識の高まりとともに、近年ゼロエミッションへの取り組みを進める企業や自治体が増えている。

【茶髪】ちゃぱつ　＊第五版

［意味］髪の毛の全体、もしくは一部を茶色、または金色に染めること。

［出処］昭和五十五年（一九八〇）頃から髪の毛を金色に染めることが流行。男女とも「茶髪」の若者が街にあふれたが、ちょうどその頃にフジテレビ系の帯バラエティー番組『笑っていいとも！』（昭和五十七年十月〜平成二十六年三月放送）が始まった。茶髪で街を闊歩《かっぽ》する若者を見て司会のタモリが、「ありゃどう見たって金髪じゃなくて茶髪だよ」と茶々を入れたという。それ以前にすでに使われていた可能性もあるが、一般に広まったのはこの発言からではないかと思われる。かつてはヤンキーの代名詞にもなっていた茶髪だが、平成六年（一九九四）頃に「コギャル」（P35参照）のスタイルとして定着、今日ではふつうの若者のファッションになっている。

【ツーショット】　＊第五版

［意味］男女が一対一の、二人だけでいる状態をいう。

［出処］フジテレビ系のお見合いバラエティー番組『ねるとん紅鯨団《べにくじらだん》』（昭和六十二年十月

〜平成六年十二月放送）から広まった言葉である。

もともとは撮影業界用語で、画面のなかに二人の人物を入れて撮ることを指したが、番組司会のとんねるずが、フリートークの時間にお見合いの男女が二人だけで話しているのを見て、「あの二人、ツーショットだね」と言ったことが始まりという。

【パソ婚】 パソこん

［意味］パソコンと結婚を合わせた言葉。パソコン通信を介して知り合い、結婚すること。

［出処］平成六年（一九九四）二月に太田出版から発行された『パソ婚ネットワーク』という本がある。大手ネットワークのＮＩＦＴＹ-Ｓｅｒｖｅを舞台に夜《よ》な夜《よ》な繰り広げられるパソコン通信の世界を書いた矢崎麗夜《やざきれいや》のノンフィクションノベルで、「パソ婚」という言葉はこの作品から広まった。

パソコン上のやりとりを通じて知る「人格」以外、ほとんど相手の情報はわからないのだが、だからこそ新鮮で、結婚しても心地良いのだという。

最近はパソコン通信からインターネットに変わっているが、パソ婚という言葉はそのまま残っている。また、インターネットを通じて知り合った海外の人間と結婚することを「国際パソ婚」と呼ぶ。

【氷河期】ひょうがき

［意味］　バブル崩壊後の就職が困難になった時期（平成五年～平成十七年）を指す言葉。「就職氷河期」ともいう。

［出処］　バブル崩壊が始まった平成二年（一九九〇）頃から地価や株価が暴落し、翌平成三年（一九九一）を境目に高度成長は終焉《しゅうえん》を迎えた。景気が急速に落ち込むなか、バブル期の過剰な雇用による人件費を削減するために、企業は競争するかのように軒並み新規採用を制限し始めた。

有効求人倍率は平成五年（一九九三）以降平成十七年（二〇〇五）まで一を下回り、新規求人倍率は〇・九まで下がった。新卒者の就職活動は暗礁《あんしょう》に乗り上げ、フリーターや契約労働者といった社会保障のない非正規雇用者が増加した。

ちなみに「氷河期」という言葉を就職難の意味で使用したのは、リクルート社の就職雑誌「就職ジャーナル」平成六年（一九九四）十一月号が最初である。「就職氷河期」の表記で平成六年（一九九四）の第十一回新語・流行語大賞審査員特選造語賞を受賞し、全国に周知された。

【ヤンママ】

［意味］「ヤング・ヤンキー・ママ」の略。中高生時代はツッパリ娘でならし、十代で結婚、その後も生活スタイルを変えず、昔の仲間と自分の時間を楽しみながら子育てする元ヤンキーの若い母親。奇抜で派手なファッションが特徴で貧困と結びつけられることが多い。

［出処］「ヤンママ」という言葉が初めて登場したのは平成五年（一九九三）十二月に創刊された漫画雑誌の名前「ヤンママコミック」（笠倉出版社）においてである。ツッパリを表す「ヤンキー」と若さを表す「ヤング」の二つの意味が込められているといい、同誌の田村恵子《たむらけいこ》編集長の造語とされている。

翌年の四月には雑誌「Ｖｉｅｗｓ」（講談社）が特集「ヤンママが変！子ども大変‼」を組み、八月にはヤンママを主人公にした斉藤由貴《さいとうゆき》主演のＴＶドラマ『福井さんちの遺産相続』（関西テレビ）が放送されるなどしてこの言葉が全国に広まった。その年の新語・流行語大賞のトップテン賞を受賞。

【安全神話】

あんぜんしんわ　**＊第七版**

［**意味**］根拠がないにもかかわらず絶対に安全だと信じられていること。単なる思い込み。安全性が保たれているときは使用されず、崩れたときに使用される。

［**出処**］平成七年（一九九五）一月十七日午前五時四十六分、関西を襲った最大震度七の直下型大地震、いわゆる〝阪神・淡路大震災〟により、道路、鉄道、電気、水道、ガス、電話、食料流通など生命、生活を支えるシステムが完全にマヒした。まさかこの地域でこの規模の地震が発生するとは、誰も考えていなかったのだ。

この大惨事が広く世界中に報道されるとともに日本の危機管理の甘さが指摘され、同時に「安全神話」という言葉が生まれた。

近年では、平成二十三年（二〇一一）三月十一日に起きた東日本大震災における福島第一原発の事故による原発の安全神話の崩壊が大きくクローズアップされた。

また、阪神・淡路大震災に伴ってこの年には電気、ガス、水道など市民生活を支える施設、生活の基盤となる生命線を意味する「ライフライン（lifeline）」という言葉も普及した。

【インターネットカフェ】

＊第六版

［意味］店内に設置したパソコンを使ってインターネットが楽しめることを看板にした喫茶店。英語表記はinternet café。

［出処］平成七年（一九九五）七月、東京渋谷の道玄坂に二十数台のパソコンを置いた喫茶店が開店した。このパソコン喫茶が「インターネットカフェ」の先駆けとされる。また、この年にはパソコンショップが立ち並ぶ秋葉原の電気街や港区麻布の商店街などにインターネットカフェが現れた。当時、インターネットという名称が店舗名に使われていたかどうかは不明だが、平成七年を〃インターネットカフェ元年〃と考えていいようである。まだパソコンが今日ほど個人に普及していなかった当時、コーヒーやビールを飲みながら、インターネットで流行の音楽やファッション、スポーツなどあらゆるジャンルの情報を楽しめることが評判になった。

【官官接待】かんかんせったい

［意味］「官」は「官職」の略で「役人」を意味し、地方自治体の役人（官職）が国の補助金の決定権をもつ中央省庁の官僚（官職）を料亭や高級レストラン、クラブなどでもてなすこと。接待の資金には懇談会や会議の弁当代、茶菓子代などの予算である〝食料費〟や裏金があてられる。

［出処］「三割自治」という言葉がある。地方自治体における歳入（収入）のうち地方税つまり自前の収入は三割しかなく、残りの七割は国からの補助金に頼っていることをいう。それだけ地方のもつ権限が弱いということだが、権限もカネも中央省庁が握っていて公共事業をはじめ仕事のほとんどはひも付き。だから中央とのパイプはおろそかにはできないという理由で、地方の役人は霞《かすみ》が関《せき》の官僚を接待する。

地方と中央の差しつ差されつの関係なのだが、平成七年（一九九五）の七月に名古屋で開かれた第二回全国市民オンブズマン大会で、「全国の地方自治体で約二十九億円が官官接待に使われている」と指摘され、この言葉が表面化した。

【失楽園する】 しつらくえんする

［意味］ 男女の不道徳な行為。不倫。

［出処］ 平成七年（一九九五）九月から翌年十月にかけて日本経済新聞に連載され、平成九年（一九九七）二月に講談社から単行本として発売された渡辺淳一《わたなべじゅんいち》の小説『失楽園』に由来する。

『失楽園』は作家の有島武郎《ありしまたけお》と女性編集者の心中事件をモチーフに、不倫をテーマにした恋愛小説だが、発売されるとたちまち話題になり、役所広司《やくしょこうじ》と黒木瞳《くろきひとみ》主演で映画化、さらに古谷一行《ふるやいっこう》と川島《かわしま》なお美《み》主演でＴＶドラマ化もされた。映画もドラマも大ヒット、この年の新語・流行語大賞のグランプリに選ばれるなど社会現象化したのである。

【渋谷系】 しぶやけい

［意味］ 東京渋谷を発信地として流行した日本のポピュラー音楽の一ジャンル。また、そのミュージシャンを指す。

［出処］ 九〇年代に東京渋谷に外資系の大型ＣＤ店が出現し、日本の歌謡曲と洋楽をミッ

クスさせた新しいサウンドを発信。ＴＯＫＹＯ ＦＭの渋谷スペイン坂スタジオでも盛んに流された。この渋谷における音楽ムーブメントを「渋谷系」と命名したのは、当時音楽雑誌「ｒｏｃｋｉｎ，ｏｎ」や「ｓｎｏｏｚｅｒ」で活躍していた音楽評論家の田中宗一郎《たなかそういちろう》とされる。

二〇〇〇年代にはこのブームは去ったが、その間にピチカート・ファイヴ、小沢健二《おざわけんじ》などのミュージシャンが誕生した。現在、正統派ロックバンドとして知られるＭｒ．Ｃｈｉｌｄｒｅｎ、スピッツ、ウルフルズなども一時期渋谷系と称された。

【父子手帳】

ふしてちょう

［意味］　父親にもっと子育てについて知ってもらおうという目的で地方自治体が発行している父親向けの育児啓発冊子。

［出処］　「父子手帳」は平成七年（一九九五）に東京都で発行されたのが始まりである。妊婦の心身の具合や赤ちゃんの発育などの知識、ミルクや離乳食のあたえ方など、父親として子育てに必要な情報がまんべんなく掲載されている。

「母子手帳」（母子健康手帳）が、母子健康法という法律にもとづく、妊産婦と小児の健康管理を目的としたものであるのに対して、「父子手帳」には法的な定めはなく、各自治体が任意で自由に作成している。したがって自治体ごとに内容は異なっており、その違いからそれぞれの自治体の父親支援に対する意識や取り組み方を知ることができる。また、手帳のネーミングも各自治体によってさまざまで、『父親ハンドブック』（東京都）、『イクメンの素』（埼玉県）、『子育てハンドブック』（愛知県）、『すきすきパパ手帳』（熊本県）などがある。

【老老介護】

ろうろうかいご　**＊第六版**

［意味］　高齢者が高齢者を世話すること。「老老看護」ともいう。高齢の夫婦のどちらか一方が病気などで倒れ、もう一方が世話せざるを得ない場合が最も多い。また、九十歳を超えた親を七十歳を過ぎた子が世話するケースも見られる。

［出処］　この言葉がメディアに登場したのは平成七年（一九九五）のことである。同年五月に新潮社から出版されベストセラーになった佐江衆一《さえしゅういち》の小説『黄落《こうらく》』を紹介した新聞記事からと思われる。毎日新聞（平成七年九月十三日朝刊）に〈「老老介護」がテーマの小説『黄落』〉の見出しで次のように書かれている。

——第五回Bunkamuraドゥマゴ文学賞に選ばれた佐江衆一さんの実体験に基づく小説『黄落』（新潮社刊）のテーマは「老老介護」だ。年老いた親をこれも老齢の子が介護するという、高齢社会日本の現実を象徴する情景である。一時的にでも施設に入れざるを得なくなった主人公の〈年老いた親を捨てるような後めたい辛い気持〉と主人公夫妻の極度の疲労……。作家の下には、同じような体験をして、同じような思いを抱く読者から四百通もの読者カードが寄せられたという。（以下略）——

老老介護は、高齢の親を抱えている子にとっては深刻な問題である。

【天上がり】

あまあがり

［意味］　民間企業の社員が、出向という形で中央省庁に送り込まれること。中央省庁の官僚が退職後民間企業に再就職することを「天下《あまくだ》り」というが、その逆。

［出処］　「天上がり」は八〇年代から行われていたようだが、公にされたのは平成八年（一九九六）のこと。人事院が国会と内閣に提出した年次報告書（『公務員白書』）でその実態が明らかになった。

報告書によると民間企業からの出向社員を受け入れていたのは外務、大蔵、厚生、農水、通産、運輸、郵政、労働、建設、経済企画、環境、国土の計十二省庁と公正取引委員会。各省庁に派遣している企業は銀行や商社が中心。国家公務員として採用され、一定期間勤めた後に辞職し、民間企業に復帰する。受け入れ期間は二年程度が多いという。

報告書では、天上がりは官民癒着《ゆちゃく》の温床という批判もあるとしつつ、官民交流の場ととらえ、公正確保の必要性を指摘しながらも評価する立場で取り上げている。

【援交】

えんこう

＊第六版「援助交際」で解説

［意味］「援助交際」の略。若い女性、とくに「コギャル」（P35参照）と呼ばれる女子高生が「援助」という名のもとに金銭取引で体を売ること。売春の一形態。

［出処］この言葉がいつから使われだしたのかは不明だが、平成八年（一九九六）からメディアに登場した。その年六月五日の毎日新聞夕刊に次の記事が載っている。

――女子高生の間では最近、売春のことを、直接的で暗いイメージを避け、罪悪感を減らすため、お小遣いをもらって交際しているという意味から「援助交際」と呼ぶのが一般的になっている――

援交は、同音漢字の「円光」や、「ウリ（売り）」「¥」「サポ（サポート）」などと表現されることもある。不良少女の行為と取られがちだが、ふつうの家庭の少女にまで広がっているというから驚く。

【スムージー】

＊第六版

［意味］英語表記はsmoothie。凍らせた果物や野菜をシャーベット状にした食品。「口当

たりがよい」、「なめらか」を意味する「smooth」から生まれた言葉で、牛乳やアイスクリーム、ヨーグルトなどの乳製品とミックスするのが定番である。

[出処] ロサンゼルスやサンフランシスコなどのアメリカ西海岸で九〇年代に誕生した食品とされる。日本には平成八年（一九九六）頃からファミレスやコンビニで提供が始まり、アメリカで編集されたレシピ集『スムージー――50のフルーツ・ダイエット』（フレックスファーム）が翻訳出版されたこともあって広く知られる言葉になった。平成十四年（二〇一二）にはTVで宣伝されて若者を中心に人気を呼んだ。

【生活習慣病】

せいかつしゅうかんびょう

＊第五版

[意味] 心臓病や脳卒中、高血圧、糖尿病など生活習慣と深く関わっていると考えられる病気の総称。

[出処] かつては加齢によって発症すると考えられていたために「成人病」と呼ばれていた病気である。成人病という言葉は昭和三十一年（一九五六）の『厚生白書』のなかに記されて以来使われてきたが、八〇年代から高齢者だけでなく若者にも発症が目立ってきた。発症には食事や運動、喫煙、飲酒といった生活習慣が深く関わっていることが判明した。

平成八年（一九九六）に厚生省は、四十年間にわたって使われてきた「成人病」を、若者たちの自覚と、予防への関心をうながすために、「生活習慣病」と改めたのである。

【排除の論理】　はいじょのろんり

［**意味**］　自分にとって好ましくない者は追い払うという理屈。平成八年（一九九六）の衆議院解散・総選挙の前に、民主党への参加をめぐって使われた言葉。

［**出処**］　平成八年（一九九六）九月に菅直人《かんなおと》、鳩山由紀夫《はとやまゆきお》らが民主党を結成した際、民主党に合流を希望した新党さきがけの武村正義《たけむらまさよし》をはじめとする一部の政治家の入党を菅らが拒否した。武村は、村山富市《むらやまとみいち》内閣で大蔵大臣を務めた実力者だが、安易な野合的結党ではないという姿勢の表れだとメディアは菅らの意向を評価した。そのとき武村らが菅、鳩山への批判をこめて表現した造語が「排除の論理」である。なお、この言葉はその年の流行語大賞になっている。

「排除の論理」は平成二十九年（二〇一七）九月に再浮上した。衆院選を前に新党・希望の党を率いる小池百合子《こいけゆりこ》東京都知事が、希望の党に合流を望む民進党出身の候補者に対して、この言葉を持ち出したのだ。民進党の前原誠司《まえはらせいじ》代表が、「民進党のすべての候補者を公認してほしい」と要請したところ、小池は、「全員を受け入れることはさらさらない」「排除します」ときっぱり言い切ったのである。小池は希望の党に民進党の色がつき、新鮮さが失われることを危惧したからだが、この小池の独断的選別に民進党内に反発が広まった。

【風評被害】

ふうひょうひがい

＊第六版

［意味］　根拠のない噂やデマ、曖昧《あいまい》な情報が世間に広がることによって、実態がないにもかかわらず被害を受けること。とくに事故、事件、災害時に発生する。

［出処］　古くは大正十二年（一九二三）九月に発生した関東大震災の際に、朝鮮人が暴動を起こしたというデマが流れ、警察や自警団によって多くの朝鮮人が虐殺《ぎゃくさつ》された風評被害がある。

この言葉が社会に広く認知されたのは、平成八年（一九九六）七月に大阪府堺市の学校給食で発生し、死者まで出した腸管出血性大腸菌O《オー》157による集団感染からである。当初、カイワレ大根が原因とされ、その情報が全国に流布した。のちにまったくの濡《ぬ》れ衣《ぎぬ》であったことが判明したが、カイワレ大根の生産者は大きな打撃を被《こうむ》った。

平成十三年（二〇〇一）には、イギリスで発生した狂牛病が日本の牛にも発見されたことから、酪農家や精肉店、牛エキスを用いたスープの素、健康食品にいたるまで風評被害を受けることになった。

記憶に新しいところでは、平成二十三年（二〇一一）三月十一日に発生した東日本大震災と福島第一原発の大事故の際、さまざまな憶測やデマが流れ、被災地や被災地周辺の人々を苦難に陥れた。とりわけ原発事故による影響は深刻で、農水産物への被害が続出、人権侵害さえ生まれた。

流言やデマを根絶するのは現実的にむずかしいが、災害や事故の発生時には政府は正しい情報を速やかに社会に知らせ、メディアがそれを正確に国民に伝えることが何よりも求められる。

【メークドラマ】

［意味］　現在は下位に低迷しているが、最後は奇跡的な逆転勝利をつかむこと。今はつらくとも、あきらめずに頑張れば最終的にうれしい思いができるという意味に使われる。

［出処］　平成八年（一九九六）、当時、プロ野球・読売巨人軍の監督だった長嶋茂雄《ながしましげお》の造

語である。もともとは前年の言葉で、低迷するチームを奮起させると同時にマスコミに逆転優勝をあきらめていないという意思表示に使い始めた。この年は結局優勝は飾れず、三位でシーズンは終了。

翌年のペナントレースでは、中盤まで首位の広島に最大十一・五ゲーム差をつけられ優勝は絶望的と思われた。しかしその後巨人の快進撃がスタート。ゲーム差が徐々に縮まっていき、まだ広島とは七ゲーム差があった時点で、長嶋監督は「メークドラマ」を高らかに宣言。そして九月二十日に首位に立つと、十月六日の中日戦の勝利で巨人のリーグ優勝が決まり、ここに長嶋のメークドラマが実現したのだった。

巨人のこの大逆転劇は奇跡とも呼ぶべき快挙であり、「メークドラマ」は響きの良さもあって、今なお語られる言葉となったのである。

【アニマルセラピー】

＊第六版

［意味］「animal（動物）」と「therapy（療法）」を合わせた和製英語。犬や猫などの動物とのふれ合いを通じて心や体に障害をもつ人の健康回復を図る活動。医師の参加による医療補助行為の「動物介在療法」と動物とのふれ合いに重点をおく「動物介在活動」に区別される。

［出処］アニマルセラピーの歴史は古く、紀元前四〇〇年頃の古代ギリシャで、戦争で負傷した兵士を乗馬で治療したのが起源といわれる。

現代的なアニマルセラピーは、患者に平常心をうながすために十八世紀のイギリスの精神障害者を収容する施設でリスやウサギなどの小動物を飼育させる試みを行ったことが始まり。

日本には、七〇年代にドイツから乗馬療法が紹介され、八〇年代からリハビリの治療に採り入られるようになったが、本格的に導入されたのは九〇年代に入ってからである。とりわけ平成九年（一九九七）は活発な活動が始められた年として記憶されている。長崎県や大分県、山口県などの障害者施設で乗馬療法が導入され、また長野県長野市では全国初というアニマルセラピーのボランティア組織が結成された。地元の精神科医や獣医、保健所職員のほかアニマルセラピーに関心のある主婦たちも参加し、犬と猫約三十匹とその飼い主も登録して積極的な活動が進められた。

今日では主に精神科、内科、整形外科、リハビリテーション科などの医療機関に導入され、老人ホームや養護施設でも採用されている。

【環境ホルモン】

かんきょうホルモン　＊第五版

［意味］　有毒なダイオキシン類など、体内に入り込むとホルモンと同じ働きをし、微量で人体の機能に有害な影響をあたえる人工的な化学物質。正式な名称は「内分泌攪乱《かくらん》物質」という。

［出処］　内分泌攪乱物質という言葉は一九九六年（平成八）にアメリカの環境活動家シーア・コルボーンらが出版した書籍によって注目されるようになった。『Our Stolen Future』という内分泌攪乱物質による人間や動物への危険性を説いた本で、当時のアル・ゴア米国

副大統領が序文を書いたことも手伝って盛んにメディアで取り上げられ、ベストセラーにもなるなど、一躍クローズアップされたのである。翌年、日本でも『奪われし未来』（翔泳社）というタイトルで翻訳出版されるとともにＮＨＫの科学番組『サイエンスアイ』で特集が組まれた。その番組のなかで、横浜市立大学の井口泰泉《いぐちたいせん》教授が内分泌攪乱物質を視聴者にわかりやすく解説するために「環境ホルモン」と名づけたという。

環境ホルモンというネーミングは、その語呂の良さからすぐに定着し、専門書だけでなく一般の書籍にもごくふつうに使われるようになった。

【小顔】こがお　＊第六版

［意味］　頭、顔が平均より小さいこと。とくに女性に使われる。

［出処］　小さな顔が美の基準である、と若い女性に「小顔」ブームが起きたのは平成九年（一九九七）のことである。火付け役となったのは化粧品メーカーの資生堂。平成八年（一九九六）十一月に「ロスタロット　フェースライン　エフェクター」という美容液を売り出した。配合成分のカフェインが新陳代謝を促し、顔の輪郭を引き締める〝小顔をつくる〟効果があるという。この魔法のような美容液は小顔に憧れる女性の心をつかみ、発売一か

月で七十万個の売り上げを記録する大ヒット商品となった。翌年にはコーセーや鐘紡《かねぼう》が同種の化粧品を相次いで発売。また女性誌がこぞって〈小顔になる方法〉を特集するなどして小顔は爆発的ブームを巻き起こした。

歌手の安室奈美恵《あむろなみえ》や女優の観月《みづき》ありさといった小顔芸能人も登場してブームに拍車をかけ、エステサロンでは〈顔やせコース〉が人気を呼んだ。プロポーションを気にする現代女性の永遠のテーマとして今なお小顔の人気は根強い。

【SOHO】

ソーホー

＊第六版

［意味］「スモールオフィス　ホームオフィス（small office home office）」の略称。パソコンと通信ネットワークなどを利用してオフィスや自宅で仕事をする労働形態。

［出処］　ＳＯＨＯは八〇年代アメリカで、大手企業の大規模な合理化とパソコンの普及のなかで登場したといわれる。

日本に登場したのは平成二年（一九九〇）頃からで、大企業の人減らしや組織からの独立志向が強まったことを背景に、また通勤時間の無駄といった理由から、自宅や近くの小さなオフィスで仕事をする人が増えてきた。しかし企業年金も退職金もなく、またフリーランスのため銀行などからの融資も受けにくい。生活が不安定という悩みは少なくなかった。そうした悩みを克服しようと全国のSOHO事業者をネットワークで結び、仕事の受注から福利厚生までをサポートする団体「SOHO JAPAN」が平成九年（一九九七）五月に設立された。団体には「ギルドジャパン」「ニフティFwork」「在宅ワーク研究会」などの支部組織もあり、社会的認知を求めて活動していくなかで「SOHO」という言葉が定着していった。

ちなみにSOHOという呼称は、ニューヨークのソーホー地区が前衛芸術の発信地で有名なことを意識したネーミングという。

【ネグレクト】

＊第六版

［**意味**］　英語表記はneglect。無視、ないがしろにすること。主に子どもに対する適切な養育を親が放棄することを指す。

［**出処**］　平成八年（一九九六）六月、東京都内で母親がパチンコをしている間に車の中で幼い二人の兄弟が熱中症で死亡した。同じ年、母親が買い物中に子どもが連れ去られたり、用水路で死亡したり、また親の留守中に火事になって焼死したりするなど悲惨な事故・事

件が相次いだ。

いずれも、子どもが〝置き去り〟にされたことによるものだが、放置もネグレクトであり、児童虐待《ぎゃくたい》の一つと見なされている。こうした子どもへの被害を重大な社会問題とした厚生省は翌年、〈児童虐待防止のための手引き〉を作成、配布してネグレクトに対する関心を喚起。親の意識改革に取り組んだことから、この言葉が社会的に認知されるようになった。最近は介護や養育を必要とする高齢者や障害者などに対して衣食住を適切にあたえず健康や安全への配慮を怠《おこた》っていることもネグレクトと称される。

【パパラッチ】

＊第六版

［意味］イタリア語で、表記はpaparazzi。有名人や芸能人などをつけ回して彼らのプライベート写真などを撮影、メディアに売って生活しているカメラマン。

［出処］ローマの退廃的で堕落しきった上流階級の生態を描いたフェデリコ・フェリーニ監督のイタリア映画『甘い生活』に登場するカメラマンの名前パパラッツオ（Paparazzo）に由来する。

平成九年（一九九七）八月三十一日、イギリスのダイアナ元皇太子妃を乗せた乗用車がパリ市内のトンネルを走行中に、運転手が運転を誤ってトンネルの側壁に激突。車体は大破し、ダイアナは同乗していた恋人や運転手とともに死亡した。この事故の原因について、真偽のほどは不明だが、「パパラッチの執拗《しつよう》な追跡にあったため」と報道された。以来、この言葉は悪徳カメラマンの代名詞のように使われ、日本もふくめ世界中に知られるようになったのである。

【ビジュアル系】

ビジュアルけい

［意味］　日本のロックバンドおよびミュージシャンのスタイルの一つ。特定の音楽ジャンルではなく、派手なメイクとファッションでインパクトを追求したアーティスト。

［出処］　ビジュアル系と呼ばれるロックバンドは七〇年代後半に東京や名古屋で生まれた。とくに名古屋では平成二年（一九九〇）頃から次々とグループが誕生。黒夢《くろゆめ》というバンドが地元で活動するうちに全国的な人気を得て本格的なブームが起きた。

ライブハウスには好きなバンドメンバーの衣装を真似るコスプレ女子も出現、ブームを後押しした。以後、新しいバンドが続々と生まれ、インディーズ（自主制作）を離れて大手レコード会社からデビューを果たす実力派も現れた。

「ビジュアル系」という呼称は、この時期にデビューし絶大な人気を誇ったX（現X JAPAN）の言葉に由来する。平成元年（一九八九）四月リリースのアルバム『BLUE BLOOD』に書かれたキャッチフレーズ「PSYCHEDELIC VIOLENCE CRIME OF VISUAL SHOCK」のなかの「VISUAL」からきているという。

ビジュアル系ロックバンドは平成九年（一九九七）を頂点にブームは次第に下火になったが、その間SHAZNAやMALICE MIZERといった人気アーティストの活躍があった。

【マイブーム】　＊第六版

［意味］「マイ（my）」と「ブーム（boom）」を合わせた和製英語。世間の流行とは関係なく自分の中で流行《はや》っている物や出来事。個人的に夢中になっていること。
［出処］　イラストレーターでエッセイストのみうらじゅんによる造語で、「大ブーム」に語感が似ていることから思いついたという。みうらによれば「マイブーム」にはとくに定義はない。仮に流行の映画や音楽であったとしても、それが流行しているから見たり聴いたりするのではなく、自分の興味のもとで夢中になっているのであればマイブームなのだという。

この言葉は平成六年（一九九四）一月二十七日放送のＴＶ番組『笑っていいとも！』（フジテレビ系）のトークコーナーに、みうらがゲスト出演したときに発言され、それをきっかけに言葉のニュアンスの楽しさもあって若者の間に受け入れられ浸透していった。平成九年（一九九七）にはその年の新語・流行語大賞トップテンに入賞。平成二十年（二〇〇八）一月に刊行された『広辞苑』第六版にも掲載され、その後も死語と化すことなく今日でも日常の中で使われている。

【メガヒット】

＊第六版

［意味］「メガ」は百万倍という意味の接頭語。映画やアニメ、ゲームなどの商品が爆発的人気を集めていることを指す表現。類似語に百万以上の数の売り上げをいう「ミリオンセラー」がある。

［出処］ 平成九年（一九九七）という年は流行現象の当たり年だった。「たまごっち」「ポケモン」「ミニ四駆《よんく》」といった子どもたちの間で流行した玩具から『失楽園』『もののけ姫』などの映画やアニメ、さらには「ハローキティグッズ」や「NIKE Air Max」などの商品である。例年にない爆発的ヒットを記録したことから「メガヒット」という言葉が登場した。

この言葉が活字として最初に使用されたのは映画雑誌「ＳＣＲＥＥＮ」の平成元年（一九八九）十月号と思われる。「全米のあらゆるメディアを巻き込むメガヒット！　これがバットマンフィーバーの実態だ！」の見出しで、映画『バットマン』の人気ぶりを紹介している。

【オープンキャンパス】

＊第七版

［**意味**］和製英語で、表記は open campus。大学が入学を希望もしくは考えている受験生に学校施設を公開し、見学会や説明会などを行って学校への関心を深めてもらうイベント。夏休み期間中に行われることが多い。

［**出処**］「オープンキャンパス」という言葉が広く使われ始めたのは平成二年（一九九〇）半ば頃からとされる。それまでは「学校説明会」「大学説明会」などの言葉を用いていたようだが、新聞報道によればオープンキャンパスの名で最初に実施したのは京都府内の私立大学でつくる京都私立大学入試広報連絡会と思われる。

同志社、立命館など六大学が〈オープンキャンパス in Kyoto〉のキャッチフレーズで平成二年の八月三、四の両日に公開。各大学で入試説明会、学内見学、クラブ紹介、大学生活説明会などが行われたという。

いわゆる少子化で受験生が減少してきたことへの大学の危機感などが背景にあるが、オープンキャンパスという言葉が定着したのは平成十年（一九九八）頃からではないだろうか。この年の七、八月はオープンキャンパス花盛りだった。早稲田大学、東京商船大学、東京工業大学、東京経済大学と、国立私立の各大学がこぞって実施、なかでも早稲田大学のオープンキャンパスは大盛況だった。

応援団の太鼓とブラスバンド演奏で受験生を迎えると受験生は大喜び。応援団は「フレー！　フレー！　受験生！」とエールを送り、受験生たちも手拍子を打って校歌や応援歌を合唱。三つのキャンパスに六千四百人もの受験生が訪れ、模擬授業や現役学生が校旗を手に学内を案内するキャンパスツアーを体験するなど終日盛り上がったという。

この祭りのようなオープンキャンパスの様子は新聞やＴＶで大々的に報道された。

【貸し渋り】

かししぶり

＊第六版

［**意味**］　金融機関が融資先に対して金利や返済期間など融資条件を厳しくして融資に慎重になること。不良債権を回避して経営の安定を図るためにとられる措置である。

［**出処**］　バブル崩壊後の九〇年代以降、金融機関はそれまで融資の担保にしていた土地や建物の不動産価格が大幅に下落、不良債権が続出し融資に対して厳しくならざるを得なか

った。

バブルがはじけるまではいくらでも貸し出していたのが、一転貸し渋りするようになったのだが、それは財務状況の良好な企業にまで及んだ。そのため資金繰りの悪化による企業の倒産が相次いだ。

なかでも世間の耳目《じもく》を集めたのが食品専門会社の東食《とうしょく》だった。東食は主に農水産物を扱う商社で外食産業にも進出したが、銀行の貸し渋りで資金繰りが苦しくなり、平成九年（一九九七）十二月に会社更生法の適用を申請、事実上倒産した。負債総額六千三百九十七億円。東証一部上場の大手商社では戦後初の大型倒産だった。

貸し渋りという言葉は金融界の専門用語だが、この東食の倒産によって新聞紙上で広く紹介され一般化した。

【学級崩壊】　がっきゅうほうかい　＊第六版

[意味]　主に小学校の児童が教師の指導に従わず、勝手な行動によって授業ができない状態。
[出処]　平成十年（一九九八）にＮＨＫがＴＶ番組のなかで使ったことから社会に知られ

るようになった言葉である。同年四月に『クローズアップ現代』で「学級崩壊　小学校で授業ができない」、同年六月には『NHKスペシャル』で「学級崩壊と子供たち」と、学級崩壊という言葉を用いて小学校の荒れた授業現場が立て続けに報道されたことによる。番組では、授業中もおしゃべりを続ける生徒や、教室を歩き回ったり暴れたりする生徒たちのせいで授業がままならない驚きの実態を、現場の教師の話をまじえてリポート。番組終了後、NHKに全国から電話が殺到するなど大きな反響を呼んだ。

学級崩壊についてそれまであまり真剣に取り組んでこなかった文部省は、このNHKの報道で深刻な実態を知り、本腰を入れて対策に取り組むようになったという。文部省の指導の成果が実ったのか、今日では学級崩壊はほとんど見られなくなったようである。

【逆ギレ】

ぎゃくギレ

＊第六版　「逆切れ」で表記

［意味］　ミスや過失などを犯した人が、それを注意した人に対して開き直り的に怒りをぶちまけ、その場をやり過ごすこと。感情が爆発して突然怒り出す人を「キレる」というが、「怒られる」立場の人が逆に「キレる」状態。

［出処］　平成十年（一九九八）一月のこと、栃木県の中学校で、授業に遅刻したことで担

任の女性教諭に叱られた男子生徒が突然怒り出し、所持していたナイフで女性教諭を刺殺する「逆ギレ」の事件が発生、社会に大きなショックをあたえた。

この逆ギレという語は平成二年（一九九〇）頃から若者が仲間内で使っていたようだが、世間に広まったのはお笑いタレントの松本人志《まつもとひとし》がＴＶ番組のなかで使い始めたことがきっかけとされる。

松本は、平成十年（一九九八）三月二十四日に放送された日本テレビ系のバラエティー番組『ダウンタウンのガキの使いやあらへんで！』の浜田《はまだ》雅功《まさとし》とのトークで次のように語っている。

「最近よくみんなつこうている逆ギレ。本来なら怒られなあかんのに、それを防ぐために逆にこっちから怒るのが逆ギレや」

その頃、逆ギレの間違った使い方が出始めていたのだろう。最近は相手の怒りの有無に関係なく怒る場合にも使われているのはおかしいと松本は言外に指摘している。つまり相手に怒られていなければ「逆」とはいえないと松本は誤用を伝えたかったのである。

この言葉は今では『広辞苑』をはじめ、多くの国語辞典に収録され、単なる若者言葉の枠を超えてすっかり市民権を得ている。

【健康寿命】

けんこうじゅみょう

＊第七版

【意味】高齢者の健康度を示すバロメーターの一つ。日常生活において介護などを必要とせず、自立した健康な生活ができる期間。

【出処】医学者の辻一郎《つじいちろう》が提唱した概念。

辻は健康寿命研究の第一人者として知られ、平成十年（一九九八）五月に出版した『健康寿命』（麦秋社）のほか『のばそう健康寿命』（岩波書店）、『健康長寿社会を実現する』（大修館書店）などの著書がある。

健康寿命は平成十二年（二〇〇〇）にＷＨＯ（世界保健機関）でも提唱され、厚生労働省は「健康上の問題で日常生活が制限されることなく生活できる期間」と定義している。

当然のことながら平均寿命と健康寿命の間には差がある。男性の平均寿命は八十・九八歳で健康寿命は七十二・一四歳。女性の平均寿命は八十七・一四歳で健康寿命は七十四・七九歳である（平成二十八年厚生労働省調べ）。平均寿命と健康寿命の差が男性は八・八四年、女性は十二・三五歳。つまり、この差が認知症（Ｐ１３４参照）や寝たきりなどで「自立した健康な生活ができない期間」となる。

この時間を短かくすれば、幸せなのはもちろん、介護や医療の費用も減らすことができる。

したがって健康寿命の向上が求められるのである。

【サイバーテロ】

＊第六版

［意味］「サイバー」は「コンピュータ・ネットワークに関しての」といった意味の接頭語で、それが「テロ」と組み合わされた言葉である。英語表記はcyber terrorism。コンピュータ・ネットワークを悪用して企業や研究所などの活動に打撃をあたえ、社会を混乱に陥れる深刻かつ悪質な破壊活動を意味する。

［出処］一九九四年（平成六）三月のアメリカで、イギリス人の少年らが空軍研究所のコンピュータに侵入したのをはじめ、同年六月にはロシア人グループが大手銀行の現金管理システムに侵入し、アルゼンチンの投資会社などの資金が別の口座に移されるという被害が起きた。

アメリカではこの事件を機にＦＢＩやＣＩＡ、軍などが中心となって対策が講じられた。日本でもアメリカにならって平成十年（一九九八）三月、通商産業省が企業や研究機関などが取り組むべき対策と今後の検討課題を盛り込んだ報告書をまとめた。

このサイバーテロに対する初の防止対策からこの言葉が日本でも認識されるようになり、

今日では、国家間の戦争につながりかねないものとして、サイバーテロは国際社会の大きな問題となっている。

【食育】 しょくいく

＊第六版

［意味］ 食に関するさまざまな体験を通して、子どもを健全な食生活ができる人間に育てること。子どもの心身の発達には家族そろって食卓を囲むことが重要であるとしている。

［出処］ この言葉が生まれたのは古く明治二十九年（一八九六）のことである。医師の石塚《いしづか》左玄《さげん》が著書『化学的食養長寿論』のなかで「躰育智育才育は即ち食育なり」と造語していた。

また、石塚の著書を読んで感銘を受けた小説家で報知新聞客員の村井《むらい》弦斎《げんさい》は、明治三十六年（一九〇三）に連載していた小説『食道楽《くいどうらく》』のなかで「小児は徳育より智育よりも、体育よりも、食育がさき。体育、徳育の根元も食育にある」と書いている。

広く一般に用いられるようになったのは、平成十年（一九九八）頃からである。この年、厚生省の中央児童福祉審議会が〈子どもの健全育成〉に関するレポートのなかで使用したり、料理研究家の服部幸應《はっとりゆきお》が『食育のすすめ』（マガジンハウス）を出版して話題になったりしたことによる。

一人での食事やファーストフードなどへの批判から、平成十七年（二〇〇五）六月に食育基本法が成立した。食に関する正しい知識と適切な食生活を子どものうちに身につけることで、健全な心身と豊かな人間性を育てることを目的としている。

【セカンドオピニオン】

＊第六版

［**意味**］　英語表記はsecond opinion。病気の治療法などでより良い判断をするために、主治医以外の専門的知識をもった別の医師の意見を求めること。
［**出処**］　八〇年代にアメリカの民間医療保険会社が医療費削減策の一環として導入したとされ、アメリカで定着した言葉である。
日本では平成十年（一九九八）六月に斡旋《あっせん》機関として「セカンドオピニオンを推進させる会」が発足、医師の協力を得ながら患者が自ら進んでセカンドオピニオンを活用できるシステムづくりを行っている。その地道な活動で徐々にセカンドオピニオンの意義が知られるようになり、熱心に取り組む医師が増えていった。しかし、セカンドオピニオンは医師の能力評価につながるため、拒否反応を示す医師や医療機関も依然としてあり、まだ不十

分な状態だという。

「インフォームドコンセント」（医師が患者に対して病気の原因や治療法を十分に説明し、患者もそれに納得して同意すること）は普及しているが、セカンドオピニオンは次の課題になっている。

【絶対音感】
ぜったいおんかん　**＊第一版**

[意味]　ある音の高さを他の音と比較せずにその音を正しく知覚する能力。二十万人に一人の特殊能力といわれる。対して他の異なった音と比較して知覚する能力を「相対音感」といい、こちらは一般的な能力である。

[出処]　ノンフィクション作家・最相葉月《さいしょうはづき》の執筆した同名の著作によって広く知られるようになった言葉。

この本は、池辺晋一郎《いけべしんいちろう》、三善晃《みよしあきら》、千住真理子《せんじゅまりこ》、矢野顕子《やのあきこ》など第一線で活躍する作曲家や音楽家たちに加えて、科学者の証言を通じて「絶対音感」の謎を探り、音楽の本質と魅力に迫ったノンフィクションである。

最相によれば、絶対音感を有する者は小鳥のさえずり、小川のせせらぎ、木の葉の震えなどあらゆる音がドレミに聴こえ、音楽になるという。

『絶対音感』は平成十年（一九九八）二月に小学館から出版され、ベストセラーとなって小学館ノンフィクション大賞を受賞した。

【デフレスパイラル】　＊第六版

［意味］　デフレーション（deflation）と螺旋《らせん》を意味するスパイラル（spiral）を合わせた言葉。物価の下落と経済全体の縮小とが相互作用してぐるぐると螺旋階段を下りるように下降していくこと。物価の下落が連続して起こり、それにともなって景気がどんどん悪化する状況を指す。

［出処］　デフレスパイラルを簡単に説明する。

物価が下がる、つまりモノの値段が安くなる→会社の利益が減る→社員の給料が減る→節約してお金を使わなくなる→安いモノしか売れなくなる→さらにモノの値段が安くなる→さらに会社の利益が減る→さらに社員の給料が減る→さらに節約してお金を使わなくなる→さらに安いモノしか売れなくなる——

この現象が螺旋階段を下りていくようにぐるぐると続いていき、景気がどんどん落ち込んでいくのである。

この言葉が経済用語として知られるようになったのは平成十年（一九九八）十一月に出版された『日本人のための経済原論』（東洋経済新報社）と思われる。社会学者の小室直樹《こむろなおき》の著書で、デフレスパイラルとは何か、その意味するところを解明することにより、現代経済の特徴をあぶり出した一冊である。

【晩婚化】ばんこんか

［意味］一般の平均初婚年齢より高年齢で結婚する傾向が進むこと。いわゆる婚期を過ぎてから結婚する傾向にあることをいう。

［出処］「晩婚化」という言葉は八〇年代にはメディアに登場していたが、社会に広く浸透したのは平成十年（一九九八）頃からと思われる。

同年の六月十二日の閣議で、当時の小泉純一郎《こいずみじゅんいちろう》厚生相が報告した『厚生白書』（平成十年度版）が話題になり、新聞各紙で報道された。白書の中で女性の晩婚化が初めて本格的に取り上げられたからである。白書では女性の晩婚化について、「結婚に夢や希望を見いださず、自由気ままな未婚を楽しみ、結婚を先送りしている」と分析。そうした状況を変えるには地域や職場、学校など社会全体で子育て支援できる環境づくりが必要であると強調している。

経済企画庁の調査によると、晩婚の傾向は世界の七割以上の国に見られる世界的現象になっており、結婚や出産をしても仕事が続けられるかどうかという将来への不安が大きな一因になっているという。

【まったり】　＊第六版

［意味］　ゆったりとしたさま。のんびりとくつろいでいる様子。

［出処］　「まったり」はもともと味わいがまろやかでコクのある様子を表現した言葉で、主に味覚に対して用いられた。昭和五十八年（一九八三）十月から漫画雑誌「ビッグコミックスピリッツ」（小学館）に連載が始まったグルメ漫画『美味《おい》しんぼ』の中にこの言葉が登場すると、味覚を表す言葉として知られるようになった。

気分や様子を表す意味で「まったり」が用いられるようになったのは、平成十年（一九九八）十月から翌年の二月まで放送されたＮＨＫの子ども向けＴＶアニメ『おじゃる丸』による。平安時代から現代にタイムスリップした主人公おじゃる丸が、平安貴族の優雅な雰囲気をかもし出す際にしばしば使われた。オープニングテーマの〈詠人〉（歌・北島三郎《きたじまさぶろう》）でも「まったり」が歌詞の中に用いられている。

【老人力】

ろうじんりょく

［意味］　物忘れなど老齢による衰えをネガティブに考えるのではなく、ポジティブにとらえて歓迎する言葉。

［出処］　美術家で小説家の赤瀬川原平《あかせがわげんぺい》のエッセー「老人力のあけぼの」に由来する言葉だが、発案したのは、赤瀬川と親しいイラストレーターの南伸坊《みなみしんぼう》と建築家の藤森照信《ふじもりてるのぶ》である。二人は自分たちもそれなりに年老いたことだから、年上とはいえ赤瀬川をボケ老人呼ばわりするのはよくないという話になり、ボケも一つの新しい能力と考え「老人力」という言葉を思いついたという。

赤瀬川はこの言葉が気に入り、平成九年（一九九七）から老人力をテーマにしたエッセーを雑誌「ちくま」（筑摩書房）に執筆。そのエッセーをまとめた単行本が、翌年九月に出版された『老人力』である。

本書は、出版社に問い合わせの電話が殺到する大反響となり、「老人力」という言葉は全国の高齢者の共感を呼んで社会現象を招いた。この年の新語・流行語大賞のトップテンに入選している。

PART 3

平成十一年〜平成十五年

「樹木葬」から「マニフェスト」まで

【樹木葬】

じゅもくそう

［意味］山里の一角に遺骨を埋め、好きな樹木を植えて墓標にする埋葬法。

［出処］源 義経《みなもとのよしつね》ゆかりの地として知られる岩手県平泉町からほど近い一関市。JR一ノ関駅から遠くに山並みが霞《かす》む奥州街道を徒歩で南に二十分ほど行くと右に折れる道があり、その道をさらに十分ほど歩くと祥雲寺《しょううんじ》という寺にたどり着く。石段をのぼり、樹木で左右を囲まれた道を進むと遠くに見えていた山々が眼前に迫り、木々がめぐる本堂が見えてくる。観光地のように整備された参道もなく、まさに山寺という趣《おもむき》で豊かな自然に満ちた寺院である。

木漏れ日の注ぐ山林の小道をさらに分け進んでいくと、川のせせらぎが聞こえる緩やかな山の斜面にヤマツツジやユズリハ、エゾアジサイなどさまざまな花木が植樹された〝墓〟が立ち並んでいる。ここは樹木葬の発祥地で知られる臨済宗《りんざい》妙心寺《みょうしんじ》派祥雲寺の墓地。平成十一年（一九九九）に全国で初めてつくられた樹木葬墓地で「知勝院《ちしょういん》」と名づけられている。「花に生まれ変わる仏たち」という愛称でも親しまれている。

祥雲寺の樹木葬が雑誌や新聞、ＴＶなどで「新しい葬送の在り方」として紹介されると、樹木葬を希望する人たちからの問い合わせが殺到。「樹木葬」の名づけ親でもある祥雲寺の千坂《ちさか》峻峰《げんぽう》住職（当時）も驚くほどの反響で、この成功を受けて樹木葬を行う寺や霊園が次々と誕生していった。

環境破壊で里山の豊かな自然が刻々と失われていくことに心を痛める千坂住職は、「死後は自然に還りたいと願う人たちとともに里山を育て、共有していければ」と語っていた。

【セレブ】

＊第六版

［意味］ 英語表記「celeb」で、「celebrity」の略。本来は著名人、名士を意味する言葉だが、拡大解釈され、「金持ち」「高級」といった俗っぽい意味に使われることが多い。
［出処］ セレブという言葉はそれまでスターと呼ばれていた人気俳優やスポーツ選手の新しい呼び名として平成二年（一九九〇）頃からアメリカで使われ始めたとされる。
日本では平成十一年（一九九九）頃にゴージャスが売りの叶恭子《かのうきょうこ》・美香《みか》の叶姉妹の出現によって広まったという。とくに女性誌やＴＶのワイドショーなどのメディアで取り上げら

れ、「優雅な」「リッチな」「豪華な」などの意味を持つ修飾語に変化していった。知的で魅力的な女性を意味したり、ただ美しいだけの女性を指したりするなど、意味は拡散・拡大、日本独自の用法で使われるようにもなった。

【タメ口】

タメぐち

＊第六版　「ため口」で表記

［意味］　相手が年上であっても敬語を使わず対等な口のきき方をすること。

［出処］　タメ口の「タメ」とは博徒《ばくと》用語で、サイコロ博打《ばくち》のサイコロの目が「ゾロ目」「同じ目」であることを指す語。転じて「五分五分」の意味で六〇年代からチンピラの隠語として使われ、七〇年代から同い年の相手と話すような口のきき方を「タメ口」というようになったという。

広く一般に知られるようになったのは平成十一年（一九九九）頃からである。ファーストアルバムの爆発的ヒットで一躍スターダムにのし上がった歌手の宇多田《うただ》ヒカルがTV番組でタメ口を連発したことがきっかけといわれる。宇多田がTVに初登場した『ミュージックステーション』（テレビ朝日系）では十六歳の彼女が親子以上に年の離れた司会のタモリを相手に友だち感覚で、『SMAP×SMAP』（フジテレビ系）では木村拓哉《きむらたくや》の料理を手伝いながら、まるで同級生のような物言いで応対するなどしたのである。宇多田の無礼ともいえる「タメ口」は大人をあきれさせ、非難の声もあがったが、そのものおじしない言動は若者に大いに受け、市民権を得ていった。今日ではどこでも聞かれる「タメ口」である。

【美白】　びはく　＊第一版

［意味］　明るく白い肌の色のこと。主に女性の顔の肌色に用いられる。

［出処］　美白という言葉は昭和五十五年（一九八〇）頃からシミ、ソバカスなど肌のトラブルを防ぐスキンケア商品に使われていたが、ブームになったのは平成十一年（一九九九）頃からである。美容研究家で「白肌の女王」と異名をとった鈴木《すずき》その子が深夜ＴＶのバラエティー番組で自身の肌の白さを盛んにアピールしたことがそのきっかけとなった。

「美白」ブームの到来で、それまで日焼けサロンに通い、顔や肌を真っ黒に焼いて〝ガングロ（顔黒）〟を誇っていたコギャル（Ｐ35参照）たちはすぐに〝顔白《がんじろ》〟路線に変更。日焼けやシミを防いで白い肌を保つのが健康のためにもよい、と白塗りの化粧に変わっていった。女子大生の就職活動にも影響が及んだ。色白の肌は面接官に好印象をあたえて就職に有利ということで、美白効果のある高価な基礎化粧品を買い込んだという。「色の白いは七難隠す」(色白の女性は多少の難点があっても器量よく見える)ということわざがあるが、やはり白い肌が好まれるようである。

【メル友】 メルとも

[意味]「電子メール友だち」の略。頻繁《ひんぱん》に電子メールをやり取りする親しい間柄の人。ほとんど会うことのない電子メールだけの友だちという意味もある。

[出処] いまやすっかり日常のなかに根づいている「メル友」。この言葉がいつ頃から使われ出したのかははっきりしないが、新聞各紙における活字としての初出は平成十一年(一九九九)である。

同年九月九日の読売新聞夕刊(大阪版)に、「一時期、ポケットベルを通じての交信を楽しむ〈ベル友〉がはやりましたが、パソコンなどの普及とともに電子メールをやりとりする〈メル友〉も広がってきているようです」という記事が載っている。また、同年七月九日の朝日新聞朝刊(長野地方面)には次の記事が見られる。

――電子メールでやりとりする友達の中には、「メル友」と呼ばれる、互いに名前や住所、性別も知らない人たちが多い。世間話や自分の悩みをうち明けたりと、顔を見たことがない人たちが集まってさまざまな会話に花が咲く――

こうした記事の内容から、この頃に一般的になったと推察できる。

もともと友人関係になかった者同士がSNS（ソーシャルネットワーキングサービス）などで知り合い、メールをやり取りするような親しい関係になるというのがメル友の一般的な図式のようである。文通と同様、面と向かって話しにくい相談事などが気楽にできるメリットがある。

【リベンジ】

＊第六版

［意味］　主にスポーツの世界で用いられるカタカナ語で、「雪辱《せつじょく》」「再挑戦」の意味で使われる。

［出処］　リベンジの語源は英語の revenge。英語本来の意味は「復讐《ふくしゅう》」あるいは「仕返し」で、個人的な恨みや憎しみのニュアンスがある。日本語のリベンジは、そうした恨みや憎しみといった意味合い以外に、スポーツの勝負で敗れたことや敗れた相手による悔しさに対して勝利することで「借りを返す」「巻き返す」意味でも使われる。

この「雪辱」「再挑戦」という意味での使用は、格闘技の「K－1」ですでにみられたが、広めたのはプロ野球西武ライオンズの松坂大輔《まつざかだいすけ》投手である。平成十一年（一九九九）四月二十一日の千葉ロッテマリーンズとの試合で黒木知宏《くろきともひろ》と投げ合って敗れた松坂は「リベンジします」と宣言。これをきっかけにその年の新語・流行語大賞の年間大賞に選ばれるほど世間に浸透し、今日では野球や格闘技をはじめ多くのスポーツに使われている。

【お宝】

おたから

＊第一版「御宝」で表記

[意味] 家の蔵や物置に古くから眠っていて、鑑定をしてみるとそれなりの価値がある骨《こっ》董《とう》美術品。

[出処] テレビ東京の人気長寿番組『開運!なんでも鑑定団』が広めた言葉とされる。番組は視聴者が持ち込んだ古美術品などをその道の専門家が鑑定、値付けを行うというもの。一見ガラクタのようなものが高価な骨董だったり、逆に高価と思われるものが二束三文《にそくさんもん》の偽物だったりする意外性が楽しめ、また、古美術に対する蘊蓄《うんちく》を堪能できるのも売りである。長い間埋もれていた著名な作家の作品が発見されるサプライズもある。

平成六年(一九九四)四月から放送が始まったが、収録スタジオが東京タワースタジオからテレビ東京天王洲《てんのうず》スタジオに移った平成十二年(二〇〇〇)十月からハイビジョンによる放送に変わった。鑑定品がそれまでよりクリアに映し出されるようになったためか、この頃から番組の人気が高まり、「お宝」という言葉も普及したのである。

ちなみにお宝の古書版は「お宝本」と呼ばれ、東京都古書籍商業協同組合などによる書籍の鑑定がある。インターネットで検索して最寄りの古書店を探し、鑑定してもらいたい書籍を持ち込めば値打ちを鑑定してくれるという仕組みである。

【お姫様抱っこ】

おひめさまだっこ　＊第七版「御姫様抱っこ」で表記

［**意味**］　主に男性が女性を抱きかかえる動作のひとつ。正式には「横抱き」と呼ばれ、男性が両腕で女性を横向きにして抱きかかえ、女性は男性の肩から首にかけて片腕を回して身体を男性にゆだねる。一般的には結婚式の披露宴や二次会で会場を出るときに行われることが多く、幸せをアピールするポーズとして広く用いられている。

［**出処**］　この言葉が最初に使われたのはギャルゲー（魅力的な萌《も》え系女子が登場することを売り物にしたコンピュータゲーム）の中で、平成六年（一九九四）にコナミから発売された恋愛シミュレーションゲーム『ときめきメモリアル』といわれている。そして平成十二年（二〇〇〇）あたりからギャルゲーの恋愛の〝お約束ごと〟パターンとして普及した。ロマンチックな「お姫様抱っこ」だが、その由来はローマ帝国建国の時代まで遡《さかのぼ》るという。ローマがロムルスによって建国された当初（紀元前七五〇頃）は、国民は兵士の男ばかり

で、女が非常に少なかった。子孫を残し国を維持するためには多数の女が必要だったローマ人は、近隣国サビニの女に結婚を申し入れたが断られてしまった。そこでローマ人は奸《かん》計《けい》をめぐらし、友好の印と称してサビニに酒を持参して行き、宴会を催した。計略はまんまと成功した。飲めや歌えでサビニの男たちを酔いつぶれさせ、その隙に女たちを襲い、抱きかかえて無理やり自国に連れ去ったのである。

当然、サビニの親たちは激怒して「娘を返せ！」となる。しかし、ローマ人は「娘たちは俺たちの妻になる」と宣言。強引に結婚式を挙げてしまった。

こうしてサビニは女たちを奪回するためにローマと戦争を起こすのだが、サビニの女たちの訴えですぐに戦争は中止。両国の間に和平が結ばれることに。彼女たちは略奪されはしたが、妻として大切に扱われ、夫にも情が湧いてきた。その夫が自分の親兄弟と戦うことが耐えられなかったからだという。

この事件以来、古代ローマ帝国では、結婚式で新郎が新婦を抱きかかえて新居に入る風習が始まり、それがローマ帝国の発展とともにヨーロッパに広がり、新大陸アメリカにも普及していった。

【キラキラネーム】

［意味］　一般常識的な名前から著しくかけ離れた奇抜な名前のこと。ぱっと見てまったく読めない当て字が特徴。

［出処］　①皇帝　②楽園　③愛翔　④海音。平成二十七年（二〇一五）に生まれた子どもの名前だが、読者諸賢には何と読めるだろうか。①「しーざあ」（男子）、②「らあん」（男子）、③「らぶは」（女子）、④「まりん」（女子）と読むキラキラネームの例である。①は古代ローマ帝国の皇帝「カエサル」の英語名「シーザー」からとった名前と推察できるが、あとは答えを聞いてもチンプンカンプンという人も多いだろう。

こうした奇抜な名前を「キラキラネーム」と命名したのが誰かは明らかでないが、流行し出したのは平成十二年（二〇〇〇）頃から。ベネッセコーポレーションが発行するマタニティー雑誌「たまごクラブ」が特別付録としてユニークな名前をいろいろ紹介したことから大人気となり、爆発的に広まったという。

強引な読み方をさせることの多いキラキラネームだが、法律（戸籍法）では、人名に使用する漢字については規制があるものの、読み方にはとくに決まりはなく、どのように読ませてもよいことになっている。これは、戸籍に読み仮名の記載項目がないからで、自分の名前の読み方がいやな場合は好きな読み方に変えて通り名（通称）として名乗ることもできる。

法律上は何の問題もない「キラキラネーム」だが、弊害も出ている。小中学校の受験では、キラキラネームの受験生は、名づけた親が常識に乏しい人間と学校から思われて不利になるという。また、学校で名前のことでイジメにあい、不登校になってしまうことも。ある程度の年齢まで成長すると、自分の名前にコンプレックスを抱き、うつ症状で入院してしまうケースも報告されている。

目立つし、可愛《かわい》いからというペット感覚で名づける親が多いと聞く。そうした親のエゴに対する批判が起きて近年はブームも沈静化し、あまりに突飛な名前は減少傾向にある。

【深層水】

しんそうすい

＊第六版　「海洋深層水」で解説

［意味］　水深が二百メートルより深い水域にある海水。この水域では太陽光線が届かないためプランクトンによる光合成が行われず、バクテリアの分解力によって無機栄養塩が蓄えられるので栄養豊富な海水になる。「海洋深層水」ともいう。

［出処］　深層水利用の研究は昭和六十一年（一九八六）に高知県と福井県で深層水を汲み

取る施設をつくって行ったのが始まりである。深層水という言葉が一般に広まったのは平成十二年（二〇〇〇）二月に東京で開かれた東京テクノフォーラム21という討論会で高知県と福井県の取り組みが紹介されたことによると思われる。
深層水の特徴として、有機物や細菌が少なくクリーンなこと、リン酸塩などの無機栄養分が豊富なことなどがあげられる。これらの性質を利用して、高知県などでは海藻や魚類の養殖に活かす研究開発を始めた。さらに食品や化粧品への応用も進み、現在では各種飲料水や酒、豆腐、化粧水などさまざまな分野で商品化に成功している。また、アトピー性皮膚炎の治療薬の開発も行われている。

【ストーカー】

＊第五版

〔**意味**〕　英語表記は stalker（つきまとう人）。一方的に関心を抱き、いやがる相手にしつこくつきまとう人のこと。

〔**出処**〕　多発するストーカー犯罪に対応するため、平成十二年（二〇〇〇）十一月に「ストーカー規制法」（ストーカー行為等の規制等に関する法律）が施行された。前年に埼玉県桶川《おけがわ》市で発生したストーカー行為による殺人事件がきっかけである。

その殺人事件とは女子大生が元交際相手の男をリーダーとするグループからつきまとわれ続けた末、平成十一年（一九九九）十月二十六日にJR桶川駅前で殺害された事件である。事件後、写真週刊誌「FOCUS」（新潮社）やTV番組『ザ・スクープ』（テレビ朝日系）などの調査によって、所轄の埼玉県警上尾《あげお》署が被害者とその家族からストーカー行為の相談を受けていたにもかかわらず、これを無視していたことが判明。警察の不祥事として非難され、埼玉県警から三人の懲戒免職をふくむ十五人の処分者を出した。

この事件の反省から「ストーカー規制法」が制定され、またストーカーという言葉が社会に広く認知されるようになったのである。

相手が気味悪がっていても、ストーカー本人にはそういう意識はない。無言電話や尾行などに始まり、独りよがりのラブレターやプレゼントを送りつけたり、インターネットを使って卑猥《ひわい》な文書を流したりする。やがて帰宅を待ち伏せる、など行為はどんどんエスカレートする。

ストーカーには高学歴の一人っ子が多いという。子どもの頃から親に大事にされて他人から否定された経験が少ない。そのため他人から拒絶されるという現実を認めることができないのだという。

【ＤＶ】

ディーブイ

＊第六版

［意味］「ドメスティックバイオレンス（domestic violence）」の頭文字をとった略語。夫婦や恋人など親密な関係にある、もしくはあった男性（女性）が女性（男性）に身体的・精神的暴力をふるうこと。

［出処］夫婦や恋人の間で起こる暴力行為については、八〇年代からＴＶなどのメディアでしばしば報告されていたが、「ＤＶ」という言葉として社会に認知されたのは平成十三年（二〇〇一）頃からと思われる。ＤＶの被害を受ける女性が年々多くなってきたことから同年十月に「ＤＶ防止法」が施行されたからである。この法律の正式名称は「配偶者からの暴力の防止及び被害者の保護等に関する法律」で、ＤＶ被害者の支援を目的としている。また内閣府では、ＤＶに悩んでいるがどこに相談したらよいかわからないという被害者のために相談機関を案内するサービスを行っている。

【パラサイトシングル】

＊第六版

［意味］英語表記は parasite single。「親に寄生（パラサイト）する独身者（シングル）」の

意。学校卒業後も親と同居し、衣食住を親に依存している未婚者のこと。

[出処] パラサイトシングルは昭和五十五年（一九八〇）頃から増え始め、総務省の統計によると二十～三十四歳の男女のうち、親と同居している未婚者数は同年の時点では八百十七万人。平成二十四年（二〇一二）には千三十五万人と三十年の間に約二百万人以上増えている。なぜパラサイトシングルが増加しているのか。三つの理由があげられる。

一つは若者層の貧困化。近年、二十歳から三十四歳までの男性就業者の非正規雇用の割合が増加しており、約七人に一人が年収二百万円以下のいわゆるワーキングプア（P18参照）である（平成二十四年総務省調べ）。ワーキングプアの若者たちは金銭的な余裕がなく、実家の親と同居せざるを得ない。

二つ目は少子化。かつては子どもがたくさんいる家庭が多かったため、社会人となった子どもは、家計を助けるためにそれぞれ家を出て独立するのがふつうだった。しかし、子どもの数が少なくなっている今日では、家計の負担がそれほど深刻化せず、子供に独立を強《し》いる必要がなくなった。

三つ目は親子関係の変化。戦前の家父長制度の名残《など》りなどから昔の親子の関係には一定の距離があり、親は子どもを厳しく扱っていた。それが現代では「友だち親子」という言葉があるように親子の距離が近くなり、フレンドリーな関係に変わった。そのため親子の間に依存心が生まれ、お互いに頼り頼られる関係になって子どもは家から離れられなくなった。

パラサイトシングルという言葉は、社会学者の山田昌弘《やまだまさひろ》が命名し、平成十二年（二〇〇〇）に流行語化した。平成十一年（一九九九）十月に山田が出版した『パラサイト・シングルの時代』（筑摩書房）では、パラサイトシングルの生態を分析し、彼らが影響をあたえる未婚化、少子化、さらには経済不況との関係にまで言及している。

【バリアフリー】

*第四版

［**意味**］ 英語表記はbarrier free。高齢者や障害者が社会生活を送るうえで不便を感じないように、障壁となるものを取り除くこと。もともとは道路や建物の段差や仕切りをなくすことなどを指したが、今日では社会的、制度的、心理的なさまざまな障壁を除去するという意味でも用いられる。

［**出処**］ この言葉はもともと建築用語として登場し、昭和四十九年（一九七四）に国連障害者生活環境専門家会議が「バリアフリーデザイン」という報告書を出したことから、建築家など専門家の間で用いられるようになった。一般に使われるようになったのは平成十

二年（二〇〇〇）の通常国会で成立した「交通バリアフリー法」による。この法律の正式名称は「高齢者、身体障害者等の公共交通機関を利用した移動の円滑化の促進に関する法律」。

同法には、駅などの公共交通機関施設を新設する際、エレベーターなどの設置を義務づけ、階段の上り下りをしなくてもよいようにすること、また既設の駅でも一日五千人以上の利用者があるものについては順次バリアフリー化すること、その他新規運行バスについて床高を低くして乗り降りを楽にすること、などが盛り込まれていた。

高齢化社会にあって、バリアフリーの意義はますます重要性を増している。

【ひきこもり】

＊第六版「引籠り」で表記

［意味］ 家族以外との人間関係がなく、社会的な活動に参加しないこと。必ずしも家に閉じこもっているわけではなく、外出しても家族以外とは交流がない状態を指す。

［出処］ 今日では社会に浸透している言葉だが、ひきこもり問題の世界的第一人者とされる精神科医の斎藤環《さいとうたまき》によれば、もともとは英語の「social withdrawal」（社会的撤退）の意で、うつ病や統合失調症の精神状態の一つを指す言葉だった。ちなみにこの言葉から「ひきこ

もり」と造語したのは斎藤といわれる。

ひきこもりは平成二年（一九九〇）頃から不登校の子どもの問題の一つとして教育現場で指摘されていたが、社会的認知度を大きく高めたのは平成十二年（二〇〇〇）に起きた二つの事件である。一つは平成二年十一月十三日に新潟県三条市の路上で誘拐された、当時九歳の少女が、平成十二年一月二十八日に同県柏崎市の犯人宅で発見されたことにより発覚した新潟少女監禁事件。もう一つは同年五月三日に佐賀駅バスセンターから出発した福岡・天神行きの西日本鉄道高速バスを十七歳の少年が乗っ取り、走行中のバスの中で三人の女性を牛刀で切りつけ一人を殺害した西鉄バスジャック事件。この世間を震撼させた事件の犯人がどちらもひきこもりだったと報道されたからである。

厚生労働省は「仕事や学校に行かず、かつ家族以外の人と交流をほとんどせずに六か月以上続けて自宅にひきこもっている状態」と定義しているが、いじめから不登校になったり、人づきあいやうつ状態で苦しんでいたり、とひきこもりの背景はさまざま。そうした背景を理解するために各地方自治体は、地域にサロンやカフェを設け、勉強会や悩み相談室を開くなどの取り組みを行っている。

【加齢臭】 かれいしゅう

＊第七版

［意味］　主に中高年以降の男女にみられる、脂《あぶら》くさかったり青くさかったりする独特の体臭。

［出処］　加齢臭は、皮脂（皮膚の中の器官から分泌される脂肪物質）にふくまれるノネナールという物質がその原因であるとされる。この物質は化粧品メーカーの資生堂によって発見され、平成十三年（二〇〇一）にその臭《にお》いを「加齢臭」と名づけて発表したことから一般に知られるようになった。ノネナールは年を重ねるとともに増え、男性は主に四十代以降、女性は主に閉経後に増加する傾向がみられるという。とくに男性は女性より皮質の分泌が多く、ノネナールの発生も多いため加齢臭が強くなりやすい。また、喫煙者は非喫煙者にくらべて臭いが強くなるとのことだが、その理由についてはまだ解明されていない。予防の基本は食事という。肉などの動物性たんぱく質や脂肪の摂取は控え、動物性たんぱ

く質でも魚介類を中心に野菜や豆類をバランスよく摂ることが有効。皮脂量が増える暑い季節にはとくに心がけたい。

【抵抗勢力】 ていこうせいりょく

［意味］ 自分が進めようとしている計画に反対する人々のこと。時の首相、小泉純一郎《こいずみじゅんいちろう》が自身の進める改革路線に反対する自民党内の議員や野党、メディアなどをまとめて言った呼び方。

［出処］ 平成十三年（二〇〇一）四月、自民党総裁選に勝利して総理に選出された小泉が自分の進める政策に反対する者を「改革に抵抗する勢力」と表現した。その後、民主党の鳩山由紀夫《はとやまゆきお》から、「改革に抵抗する勢力を恐れず、ひるまず、断固として改革を進めるとしているが、一体、その抵抗勢力とはだれのことか」という質問を受けた小泉が、「私の内閣の方針に反対する勢力、これはすべて抵抗勢力である」と答弁したことに由来する。組閣の五月、小泉は「改革には必ず抵抗勢力が出てくる。戦いはこれからだ」と、ここでもこの言葉を用いて改革推進の決意を示した。

また、平成十九年（二〇〇七）七月の参議院選挙では、国民新党の綿貫民輔《わたぬきたみすけ》代表が「参院選で流れを変えるためには抵抗勢力の実力を発揮しなければならない」と「抵抗勢力」を真っ向からアピールした。小泉は抵抗勢力を否定的な言葉として用いたが、綿貫は肯定的な意味合いで使っている。

【伏魔殿】ふくまでん　＊第一版

［意味］見かけとは裏腹に陰で悪事や陰謀が企てられているところ。悪の根城。

［出処］平成十三年（二〇〇一）五月、人事問題などで外務官僚と対立していた外務大臣の田中眞紀子《たなかまきこ》が「言葉がよろしくないが、伏魔殿のようなところ」と記者会見で発言したことで有名になった言葉である。

この言葉は中国の伝奇小説『水滸伝《すいこでん》』に登場する伏魔殿（魔物がひそむ建物の意）が語源だが、日本では明治二十六年（一八九三）八月十一日の「郵便報知新聞」の記事中に、すでにその使用が認められる。

また、昭和六年（一九三一）に発行された『現代新語辞典』（『現代』附録、大日本雄弁会講談社）には「公職を悪用して私利私慾を図る者達の集まる場所を云ふ」と記述されている。

近年では石原慎太郎《いしはらしんたろう》元東京都知事が使っている。平成二十八年（二〇一六）九月、ゴタゴタ続きの豊洲市場移転問題について記者団から聞かれた石原は「東京都は伏魔殿だね」と発言し、小池百合子《こいけゆりこ》東京都知事を揶揄《からか》っている。

【メイドカフェ】

［意味］　メイドのコスプレをした女子店員が接客する喫茶店。入店した客を〝主人〟に見立てて「お帰りなさいませ。ご主人さま」などと迎え、給仕などのサービスを行う。

［出処］　メイドカフェの歴史は古く、明治四十四年（一九一一）にレストランの築地精養《せいよう》軒《けん》（現上野精養軒）が東京銀座にオープンした「カフェー・ライオン」がそのモデルとされる。容姿端麗の美人店員が着物にエプロン姿で給仕するスタイルが人気を呼んだという。当時の、いわゆる「カフェー」は、今日の「キャバクラ」や「ガールズバー」の原型をとなるような店も多かったが、「カフェー・ライオン」はメイドカフェに近い接客スタイルだった。

メイドカフェは日本に生まれた日本特有の文化で、平成十三年（二〇〇一）五月にオタク（P6参照）の聖地として知られる東京秋葉原に開店した「Ｃｕｒｅ Ｍａｉｄ Ｃａｆé」が現代のメイドカフェの元祖である。

店員が客と一緒に写真を撮ったり、ゲームをするなどのサービスが人気を呼び、秋葉原に続々とメイドカフェがオープン、その勢いは各地に広がった。近年は過当競争に負けて閉店するなど、かつてほどの勢いはなくなったが、一方で人気は海外に飛び火し、韓国や中国、アメリカなどの国で開店している。

【脱北者】

だっぽくしゃ

＊第六版「脱北」で解説

［意味］北朝鮮（朝鮮民主主義人民共和国）から脱出した人々。主な亡命先である韓国での呼称。法律上の用語は「北韓離脱住民」という。

［出処］かつて北朝鮮から脱出して韓国に亡命してくる北朝鮮人の多くは、政治的な理由で国を追放された人々だった。その後、冷戦下で北朝鮮の政治体制が落ち着き、亡命者は減少した。

しかし、一九九〇年（平成二）頃から毎年のように水害と旱魃《かんばつ》に見舞われて深刻な食糧難に陥り、飢えから逃れるための亡命者が出るようになった。大飢饉《ききん》に襲われた一九九五年（平成七）から徐々に亡命者は増え始め、韓国政府の資料によると韓国への年間亡命者は一九九三年（平成五）ではわずか八人だったのが、翌年には五十二人に増えた。

北朝鮮の食糧難は一九九八年（平成十）にいちおうの終息をみたが、今度は暮らしやすい生活を求めて脱出する者が増えた。生活環境の良い韓国の情報が北朝鮮に入ってきたからである。

年間の亡命者数は一九九九年（平成十一）には百四十八人、二〇〇二年（平成十四）には千百三十八人、二〇〇九年（平成二十一）には二千九百二十七人と膨れ上がっていった。

こうした北朝鮮からの亡命者の増加は日本でも注目されるようになり、日本のメディアも韓国にならって「脱北者」という言葉を使い始めた。とくにその契機となったのが、平成十四年（二〇〇二）に起きた瀋陽総領事館事件である。

同年五月八日、五名の北朝鮮人が中国の瀋陽に置かれている日本の総領事館に亡命を求めて駆け込もうとした事件だが、この出来事は日本社会に衝撃をあたえ、「脱北者」は一般日本人にも広く知られるところとなった。

韓国への累計の亡命者数は二〇〇四年（平成十六）に六千人に達し、二〇〇七年（平成十九）にはついに一万人を突破した。しかし、北朝鮮最高指導者の金正日《キムジョンイル》総書記が死去し、その三男である金正恩《ジョンウン》が最高指導者の座についた二〇一二年（平成二十四）の亡命者数は前年を下回った。金正恩が北朝鮮の国境警備を強化したからだが、以降、亡命者の数は減少傾向にある。

【トリビア】

＊第七版

［**意味**］　英語表記はtrivia。つまらないこと。くだらないこと。雑学的な事柄や豆知識を指す。

［**出処**］　平成十四年（二〇〇二）十月から平成二十四年（二〇一二）一月の約十年間にわたって放送された雑学バラエティー番組『トリビアの泉～素晴らしきムダ知識～』（フジテレビ系）から流行語化した言葉である。

面白い雑学にはスタジオに置かれた感銘度を表す装置「へぇ～」ボタンを押して評価するのが番組の売りで、深夜番組で人気を得た後でゴールデンタイムに進出、フジテレビを代表する高視聴率番組となった。

番組のなかで使用する「へぇ～」ボタンは商品化もされ、大ヒット。会話のなかで相手の話に感心すると「へぇ～」と声を上げながらボタンを叩くしぐさをする若者も現れた。

【内部告発】

ないぶこくはつ

＊第六版

［**意味**］　組織内の人間がその組織で行われている不正や違法行為を、監督官庁やマスコミ

など外部に知らせ、明らかにすること。

[出処] この言葉が社会に広く知られるようになったのは、平成十四年（二〇〇二）一月に発覚した雪印食品牛肉偽装事件が端緒とされる。

前年九月、国内で狂牛病に感染した牛が発見され、政府は消費者の不安を取り除くため事業者から国産牛肉を買い上げることにした。雪印食品がこの買い上げ制度を悪用、安価な輸入牛肉をすり替えて申請し、補助金を受給したのである。その背景には、親会社の雪印乳業が起こした食中毒事件の煽《あお》りを受けて雪印食品の売り上げが減少し経営が悪化したことに加え、狂牛病の発生による消費者の牛肉買い控えで大量の在庫を抱えてしまっていたことなどの事情があった。

雪印食品は輸入牛肉の保管先だった冷蔵会社でひそかに偽装工作を行ったが、これが冷蔵会社の社長に知られた。冷蔵会社の社長は偽装をやめるよう申し入れたが、雪印食品は聞く耳をもたなかった。そこで社長はこのまま捨ててはおけないと新聞各社に偽装の事実を知らせたのである。

新聞のニュースで事件は一夜にして全国を駆けめぐり、TVのワイドショーなどでも取り上げられて日本中が騒然となった。事件が明るみに出てから三か月後の四月末に雪印食品は廃業した。

【フーリガン】

＊第五版

［**意味**］　英語表記はhooligan。サッカーの試合会場の内外で暴動を引き起こす過激な観衆のこと。

［**出処**］　日本語では一般に「乱暴者」「愚か者」と訳される。語源には諸説あるが、十九世紀末のロンドンで非道の限りを尽くした盗賊団のボス「フーリハン」一家に由来するという説が有力である。

フーリガンの本来の意味は公共物を壊すなどのいたずら者を指したが、いつしかサッカー会場の内外で暴力をふるう者の総称として「フーリガン」が使われるようになった。試合に興奮して感情が爆発することにより偶発的に暴力行為におよぶのではなく、試合には関係なく作為的に暴動を起こすこと自体が彼らの目的だという。

フーリガンの存在が日本のサッカーファンに周知されたのは平成十四年（二〇〇二）の五月から行われた日韓合同開催のW杯とされている。このとき新聞やTVでフーリガンの危険性が盛んに報じられたからである。

日本での試合会場は埼玉、静岡、宮城など全国十か所だったが、各県警は一日約五百人の警官を動員。試合会場やその周辺だけでなく交通機関や繁華街なども警備した。そのため大会期間中はフーリガンとみられるイギリス人二名が空港で入国を拒否される出来事があったくらいで、目立った混乱は起きずW杯は無事閉幕した。

【足湯】あしゅ

＊第一版「脚湯（きゃくとう）」で解説

［意味］足だけ温泉につかる入浴法。また、その浴槽を設置した場所。

［出処］古くは「脚湯《きゃくとう》」と呼ばれ、江戸時代からあった入浴法という。現代の足湯は、一説として平成十五年（二〇〇三）十月に湯布院《ゆふいん》温泉のある大分県ＪＲ湯布院駅のホームに開設されたのが始まりとされている。

その後、愛媛県の道後温泉、兵庫県の有馬温泉、長野県の野沢温泉など各地の有名温泉地で無料の足湯が続々とオープン。老若男女が楽しげにくつろいでいる様子がＴＶで伝えられ、足湯は全国的なブームになった。

服を脱がずに気軽に楽しめるため、今日では温泉地のほか鉄道駅や道の駅、公園、港などにも広まり、足湯は日常の光景として定着している。

【アンチエイジング】

＊第六版「アンチエージング」で表記

［意味］ 英語表記はanti-agingで「抗老化」「抗加齢」と訳される。年齢を重ねるとともに起こるシミやシワなどの肌の老化、骨や筋肉の衰え、高血圧や糖尿病をはじめとする生活習慣病（P59参照）などの病気に対して、その原因を抑えることにより老化の進行を遅らせるようにすること。

［出処］ 食事やサプリメント、運動や生活習慣の改善などを通じて病気の原因を抑える「抗加齢医学」という予防医学がある。九〇年代の初めにアメリカで誕生した医学だが、平成十二年（二〇〇〇）頃に日本にも伝わり、アンチエイジングの研究が医療・研究機関で進められた。

平成十五年（二〇〇三）四月に予防医学の専門家で組織する日本抗加齢医学会が設立されると、薬品や化粧品メーカーの間でアンチエイジングへの関心が高まった。以後、中高年層を中心にアンチエイジングに興味を抱く人が増えていき、今日ではアンチエイジングに効果があるというサプリメントや化粧品が店頭にあふれるほど、この言葉は広く浸透している。

【エンディングノート】

［**意味**］「エンディング（ending）」＋「ノート（note）」の和製英語。高齢者が、やがて訪れる死に備えて自身の希望や願いを記しておくノートのこと。遺言とは違って法的な拘束力はない。

［**出処**］エンディングノートという言葉の、新聞での初出は平成十五年（二〇〇三）三月七日の読売新聞朝刊。同年二月にシニア世代の生きがいづくり活動をしているＮＰＯ「ニッポン・アクティブライフ・クラブ（ＮＡＬＣ）」から出版された『ナルクエンディングノート』の紹介記事においてである。

これが、十五万部を売るベストセラーになったことから以降、続々と類似本が出版され、ブームが湧き起こった。今日でも書店には相続や遺産関係の書籍と並んでエンディングノートのコーナーが設けられており、静かなブームとなっている。意味を少し補足すると、エンディングノートは自分の人生の締めくくり方を記した〝遺言の拡大版〟ともいえる。

「最期は病院ではなく自宅で迎えたい」「延命治療はしないでほしい」「葬儀は不要」など日頃から願っていることを一つ一つ書きとめておく一冊である。

エンディングノートが支持されている理由について葬儀コンサルタントの廣江《ひろえ》輝男《てるお》は、「今の高齢者は親の介護を経験して、その大変さがよくわかっている。子どもに迷惑をかけたくない。だから元気なうちに自分の老後のことは自分で考えておきたい。そういう人が増え、自分の最期を自分でデザインする時代になってきた」と分析している。

【オレオレ詐欺】

オレオレさぎ

＊第七版「俺俺詐欺」で表記

［意味］「オレだよオレ」と身内を装って電話をかけ、交通事故の示談金や借金返済名目で高齢者から金をだまし取る詐欺。

［出処］ 平成十一年（一九九九）八月頃から平成十四年（二〇〇二）十二月にかけて、息子と偽って銀行口座に金を振り込ませる事件が鳥取県であった。平成十五年（二〇〇三）二月に鳥取県警米子《よなご》署が犯人を検挙したが、そのとき犯行の手口を「オレオレ詐欺」と名づけたのが、この言葉の誕生とされる。

オレオレ詐欺は平成十二年（二〇〇〇）頃から目立ち始め、平成十三年（二〇〇一）には約四十三億円だった被害総額が、翌年には百億円突破と急増。手口も巧妙になり、身内のほかに弁護士や警察、会社の上司、被害者などを装って演技する「劇場型」に拡大した。単に「オレオレ」と名乗って詐取する手口は、やがて他の〝だまし文句〟がさまざま用いられるようになって、「オレオレ詐欺」という名称と実態がそぐわなくなった。そこで平成十六年（二〇〇四）十二月に警察庁は「振り込め詐欺」の呼称に改めた。

【せんべろ】

［意味］千円も出せばべろべろになるほど酒が飲めること。また、そうした低料金の酒場を指す。

［出処］都内と千葉を結ぶ私鉄京成《けいせい》線の沿線に各駅停車しか止まらない小さな駅がある。小さな駅でありながら駅の周辺には安い居酒屋がひしめき合う。京成立石《たていし》である。昭和の風景が残るレトロ感漂う立石は「下町の酒都」「せんべろの街」などと呼ばれ、毎晩大勢のせんべろ愛好者が赤提灯の下に集う。飲んべえにはたまらない安くて旨い魅力的な居酒屋が多数あり、何軒かハシゴ酒をする「立石ツアー」なる言葉もあるほどだ。

「せんべろ」という言葉は作家の中島《なかじま》らもと編集者の小堀純《こぼりじゅん》が平成十五年（二〇〇三）十月に出版した共著『〝せんべろ〟探偵が行く』（文藝春秋）で使ったのが最初といわれる。酒をこよなく愛した中島が小堀とともに全国津々浦々の安くて気取らない酒場を訪れるリポートだが、この書籍から「せんべろ」が全国区の言葉になった。

【デトックス】

＊第七版

［意味］　英語表記はdetox。detoxification（解毒）の短縮形で、体内から毒素や老廃物を取り除くこと。

［出処］　平成十五年（二〇〇三）頃から平成十八年（二〇〇六）頃にかけてブームになった健康法である。ブームが始まったきっかけの一つは厚生労働省が平成十五年に発表した「妊婦への魚介類等の摂食と水銀に関する注意事項」である。

妊婦や妊娠の可能性がある女性は、胎児への悪影響を避けるためマグロやブリなど、食物連鎖で有害金属のメチル水銀が蓄積しやすい魚を食べるのを控えたほうがよいという内容で、当時、血液サラサラ効果があるなど健康食品として魚油（ＤＨＡやＥＰＡを含む）が注目を集め始めていただけに、この発表は妊婦以外の人たちにもショックをあたえた。

同年の建築基準法改正で、建築材や家具から発生する揮発性有機化合物によるめまいや頭痛などの「シックハウス症候群」対策が示された。また、「ニュースステーション」（テレビ朝日系）によるダイオキシン被害報道をめぐっての裁判が話題になったりもした。

こうした有害金属や化学物質の害に対する問題意識は平成十七年（二〇〇五）頃になると、身体に不要なもの、有害なものを体外に排出することへの関心に広がっていき、美容やダイエットに目がない女性たちを中心にデトックスブームが起きていった。

現在はかなり下火になった感があるが、それでも日常生活のなかで実践されている。その中で最もポピュラーで人気があるのは「ファイバーデトックス」と呼ばれるもの。食物繊維（ファイバー）をしっかり摂取することで、代謝を妨げて肌荒れの原因となる毒素・老廃物を便と一緒に排出し、健康な美肌を守るという方法である。

【脳トレ】

のうトレ

［**意味**］　簡単な計算や音読、塗り絵などをすることによって脳の働きを活発にするトレーニング。「脳力トレーニング」の略。

［**出処**］　平成十五年（二〇〇三）から出版された、医学者の川島隆太《かわしまりゅうた》の著書『脳を鍛える大人の計算ドリル』（くもん出版）に始まるシリーズでブームになった言葉。川島によれば、脳を使い続ける習慣をつけることが最も効果的な「脳の健康法」だという。

脳の働きは体力と同じように、加齢とともに年々低下する。しかし、体力が毎日の運動習慣で低下を防いだり向上させたりできるのと同様、脳も毎日積極的に使う習慣をつけることによってその働きを高めることができる。

年をとるにつれて物忘れが多くなったり、言いたい言葉が出なかったりする。こうした症状も脳を鍛えることで改善される可能性がある。また、子どもの場合は創造力や記憶力を高める効果が期待できると川島は説いている。

【ビフォーアフター】

［意味］　英語表記はbefore after。「〝それまで〟と〝いまから〟」の意。もともとは美容業界で用いられる「使用前・使用後」の意味だが、ここではリフォーム用語として解説。

［出処］　平成十四年（二〇〇二）四月から開始され、不定期に放送されている建築ドキュメンタリー番組『大改造!!劇的ビフォーアフター』(テレビ朝日系)から広まった言葉である。番組では、住宅の構造に不満をもつ家族を一般から募集し、その不満を解決すべく〝匠《たくみ》〟と呼ばれる一流の建築士と大工が住宅のリフォーム設計・施工を手がける。番組の最後に、思い通りに改築された住居に対する家族の喜びの声を披露するという内容である。家族に新鮮な驚きをあたえるためリフォームの最中は家族は引越しさせられ、リフォームの過程は明かされない演出になっている。

この番組で使われた決め台詞のナレーション「なんということでしょう！」が流行し、ビフォーアフターは平成十五年（二〇〇三）の新語・流行語大賞のトップテンに選ばれた。

【マニフェスト】

＊第六版

［意味］　英語表記はmanifesto。「宣言」「声明文」が本来の意味で、転じて政党の「選挙公約」を意味するようになった。選挙の際に示される政策について、その内容、実施期間、実施にかかる費用などが具体的に盛り込まれている。

［出処］『広辞苑』には第一版から立項されている言葉だが、「選挙公約」の意の解説がなされたのは、平成二十年（二〇〇八）の第六版から。

日本における「選挙公約」の意味での使用は、平成十一年（一九九九）の統一地方選挙からで、世に広めたのは、当時の三重県知事・北川正恭《きたがわまさやす》。平成十五年（二〇〇三）四月の統一地方選挙で北川は、イギリスで定着しているマニフェストの導入を提案、多くの知事候補が賛同した。それまでの選挙公約と違って、マニフェストには政策課題について目標や期限などが明記されているため、有権者が公約をより理解しやすい。

同年十一月の衆議院選挙は各党がマニフェストを掲げて戦った初の選挙となり、「マニフェスト選挙」と呼ばれた。

PART 4

平成十六年〜平成二十年

「格差社会」から「ロスジェネ」まで

【格差社会】

かくさしゃかい　　　　＊第七版

［意味］　収入や財産によって富裕層(P142参照)と貧困層の二極化が固定した社会。
［出処］　八〇年代前半まで日本は総中流社会と呼ばれていたが、バブル経済崩壊の平成二年(一九九〇)以降は格差社会に突入したといわれる。

企業がリストラを進め、年功序列による賃金の廃止や正社員から非正規社員への置き換えが行われ、成果主義へのシフトで高収入を得る者が出現する一方、低賃金労働者が増大して経済格差が拡大したからである。

経済格差が広がると親の経済状態が子どもの教育に影響をあたえる。親の経済状態が良い子どもは高等教育を受けることができ、好条件の就業につながって高収入を得やすい。一方、親の経済状態が良くない子どもは高等教育を受けられない場合が多く、就業にも不利に働いて低所得者たることを余儀なくされる。

ひらたくいえば金持ちの子どもは金持ちに、貧乏な親の子どもは貧乏になりやすいということであり、その差が世代を超えても解消されずに受け継がれていくのが「格差社会」なのである。

格差社会という言葉が社会に認知されたのは平成十六年（二〇〇四）十一月に筑摩書房から出版された山田《やまだ》昌弘《まさひろ》の『希望格差社会』が大きく影響したといわれる。山田は本書で高所得者層と低所得者層の格差が広がっているなかで将来に希望をもてる人と将来に絶望している人との意識の亀裂により日本社会は分断されると指摘している。山田は平成十八年（二〇〇六）九月に続編の『新平等社会』（文藝春秋）を出版している。

【自爆テロ】　じばくテロ　＊第六版

［意味］　英語表記は suicide terrorism。犯人自身も死亡することを覚悟のうえで、主に爆弾を用いて攻撃するテロリズム。

［出処］　自爆テロは貧しくて教養のない人間でも実行でき、しかも費用もかからず確実に敵を攻撃できるので、「貧者のスマート爆弾」とも呼ばれている。

一つの戦術として用いられるようになったのは八〇年代の中東地域におけるイスラム過激派からとされ、以降自爆テロは常套的な戦術としてイスラム世界に定着した。

国際社会で注目されるようになったのは、平成十三年（二〇〇一）九月十一日のアメリカ同時多発テロを経て、平成十六年（二〇〇四）にマドリード列車爆破テロが発生した頃からと思われる。スペインの首都マドリードで複数の列車が同時に爆破され、百九十一人が死亡、千八百四十一人の負傷者がでた惨事である。このとき実行犯の何人かが逮捕された際に自爆している。

それまでイスラム世界を中心に発生していた自爆テロがはじめてヨーロッパでも起きたことから、世界中の人々は戦慄し日本人も衝撃を受け、この耳慣れない言葉が否応《いやおう》なく頭に叩き込まれた。

ふつう人間は敵を攻撃するとき自分の身は守る。テロ行為の犯人も攻撃に際しては自分は生き残ろうとする。しかし、自爆テロにはそうした常識はあてはまらない。常識を超えたテロ行為なのである。

イスラム世界に、「人の命は山よりも重く、羽根よりも軽い」ということわざがある。言葉を足すと「恋人や家族を殺された悲しみは山よりも重く、復讐する自分の命は羽根よりも軽い」というものだが、自爆テロリストたちの宗教精神を的確に物語っている。

【ニート】

＊第六版

［**意味**］　英語表記はNEET。就学も就労もせず職業訓練も受けていない完全に無業となっている若者のこと。

［**出処**］　もともとは平成二年（一九九〇）にイギリスの労働政策に用いられた言葉で、Not in Education, Employment or Training（教育、雇用、職業訓練のいずれもしていない）の頭文字をとってNEETとしたものである。

この言葉が日本で最初に使われたのは、平成十五年（二〇〇三）に厚生労働省所管の日本労働研究機構が若者の就労支援のためにイギリスの支援政策を紹介したことによる。翌年の七月に経済学者の玄田《げんだ》有史《ゆうじ》とジャーナリストの曲沼美恵《まがぬまみえ》の共著『ニート　フリーターでもなく失業者でもなく』（幻冬舎）が出版されるとたちまち話題になり、ニートという言葉が頻繁《ひんぱん》に使われるようになった。

以後、ＴＶ番組などでニートを悪意をもって取り上げたこともあって、ニートのイメージが「怠け者」「無気力」「パラサイトシングル」（Ｐ１０４参照）などといったネガティブな意味に変質していった。今日では軽蔑《けいべつ》的に用いられることが多く、新たな偏見や差別を招く恐れがあるため、ニートの若者のことを遅咲きという意味の「レイブル」（late bloomer

の略）と言い換える取り組みが進められている。

【認知症】

にんちしょう

＊第六版

［意味］ 高齢者にみられる、病的な慢性の知能低下が生じる状態。いわゆるボケやもの忘れ、徘徊などの症状や行動を起こす。

［出処］ 認知症はかつて「痴呆《ちほう》」と呼ばれていたが、高齢者の尊厳に対する配慮を欠く表現であると介護施設などから批判の声が上がった。そのため平成十六年（二〇〇四）に厚生労働省の通達により痴呆の語の使用は廃止され、認知症に改められた。

誰でも年齢とともにもの覚えが悪くなったり、人名や地名が思い出せなくなったりする。こうしたもの忘れは脳の老化が原因だが、認知症は何らかの理由によって脳の神経組織が壊れるために発症する病気である。

認知症が進行すると、徐々に判断力や理解力がなくなって日常生活に支障をきたすようになる。患者に負担をかけない安全で有効な治療法の研究が行われているが、まだ先が見えない状態だ。

【負け犬】

まけいぬ

［意味］　喧嘩に負けて逃げる犬。勝負に敗れた人間。ここでは三十代以上で結婚せず子どももいない独身女性を指す。

［出処］　エッセイストの酒井順子《さかいじゅんこ》が平成十五年（二〇〇三）十月に出版した『負け犬の遠吠え』（講談社）のなかで「非婚、子なし」の三十代女性を定義した言葉である。本書では自身も負け犬であるとし、あえて「負け」のポジションをとることによって、安穏と結婚生活を送ることにひたすら幸せを感じ、無神経に未婚女性を蔑《さげす》む既婚女性を逆に批判してみせた。

未婚女性を「負け犬」と表現することで彼女たちにパラドキシカルにエールを送った『負け犬の遠吠え』はベストセラーになり、翌年の新語・流行語大賞のトップテンに選出。自《じ》嘲《ちょう》的に「負け犬」と名乗る女性も多く現れ、ブームになった。

【炎上】えんじょう　＊第七版

［意味］　建物などが燃え上がること。転じてインターネット上におけるＳＮＳ（ソーシャル・ネットワーキング・サービス）やブログのコメント欄に非難や抗議などが殺到し、収拾がつかなくなる状態。

［出処］　ＳＮＳやブログ（Ｐ１５０参照）では投稿に対して誰でもコメントすることができる。そこは健全で楽しいコミュニケーションになるはずの場なのだが、軽はずみで不適切な発言や画像が投稿されると、とたんに誹謗《ひぼう》、中傷の嵐が吹き荒れ、「炎上」の場と化す。ＳＮＳやブログが広く知られるようになった平成十六年（二〇〇四）頃からブログの炎上が発生。炎上中のブログを探して楽しむ「炎上ウォッチャー」と呼ばれる野次馬も現れるようになった。

一度炎上すると悲惨な結末を迎えることがある。ＳＮＳやブログの閉鎖、利用の停止にとどまらず、自宅や会社に抗議の電話がかかってくることもある。最悪の場合脅迫して金銭を要求する者も現れる。

こうしたトラブルが近年、芸能界を中心にとみに増えているが、炎上という言葉が出始めたのは平成十七年（二〇〇五）頃とされる。同年一月、新聞記者のブログ記事が多数の閲覧者によって批判された際、著述家でブロガーの山本一郎《やまもといちろう》が、「ブログを冷やかしで見に行ったら、みごとに炎上していた」というコメントを投稿しており、これが初出のようである。

もともとは一般的な言葉である「炎上」だが、野球においては、投手がメッタ打ちにあってノックアウトされることを指す。野球ファンの山本は投手がマウンドで炎上している姿になぞらえたという。

【鬼嫁】　おによめ

［意味］ 横柄《おうへい》で冷酷な嫁に対する悪口。夫が妻に冗談っぽく使うこともある。

［出処］ 平成十六年（二〇〇四）九月からインターネット上で公開が開始された、妻に虐《しいた》げられる夫の日々の記録『実録鬼嫁日記』が好評を博し、翌年の一月にアメーバブックスより単行本化された。

単行本は全国の若い主婦を中心に人気を呼び、その人気を追う形でその年の十月にTVドラマ化、高視聴率を取って「鬼嫁」は全国区の言葉になった。

その頃、「日本の歴史上最強の鬼嫁は誰か」というクイズがTV番組にしばしば出題された。答えはいろいろ出たが、なかでもいちばん多かった回答は北条政子《ほうじょうまさこ》だったと記憶する。北条政子は夫である源頼朝《みなもとのよりとも》の愛人に嫉妬し、その館を燃やして愛人を追放したほか、政権維持のため自分の子や孫を殺してしまうなど残虐《ざんぎゃく》行為におよんだといわれる鎌倉幕府の「尼《あま》将軍」と呼ばれた女性である。なお彼女は室町幕府第八代将軍・足利義政《あしかがよしまさ》の妻・日野《ひの》富子《とみこ》と豊臣秀吉《とよとみひでよし》の側室・淀殿《よどどの》とともに「日本三大悪女」と称される。

【下流社会】かりゅうしゃかい

［意味］　学習意欲、労働意欲、消費意欲など人生への意欲が低い階層によって形成される社会。

［出処］　平成十七年（二〇〇五）九月に光文社から出版され、八十万部のベストセラーになった三浦展《みうらあつし》著『下流社会』から流行語となった言葉である。

終身雇用制や年功序列が崩壊しつつあるなか、非正規雇用社員やフリーターなど低所得の若者が増えている。また、彼らは所得が低いばかりではなく学ぶ意欲や働く意欲に欠けている。こうした若者たちの増加によって、これまで日本に存在していた中流階級が消滅していき、その先に彼らがたどり着く階層というのが下流社会なのだという。ちなみにノンフィクション作家の佐野《さの》眞一《しんいち》は月刊誌「文藝春秋」（平成十八年四月号）のなかで、下流社会を同じ意味合いで「下層社会」と表現している。

【官製談合】 かんせいだんごう

［意味］ 国や地方自治体が公共事業などを発注する際に行われる競争入札において公務員が談合に関わり、不公平な形で落札業者が決まること。

［出処］ 官製談合という言葉は平成七年（一九九五）頃から新聞各紙に散見するが、にわかに注目されるようになったのは平成十七年（二〇〇五）五月に発覚した「橋梁《きょうりょう》談合事件」と呼ばれる独占禁止法違反容疑の事件である。

平成十五年（二〇〇三）と平成十六年（二〇〇四）に日本道路公団から鋼鉄橋梁工事が橋梁メーカーに発注された。そのとき入札価格をあらかじめ決め、受注予定事業者が受注できるように橋梁メーカーと日本道路公団が談合した。談合の背景にはコンクリート橋の市場拡大で鋼鉄橋梁の需要が減少し、橋梁メーカーの経営環境が厳しくなったことがあった。また、日本道路公団は退職職員の橋梁メーカーへの天下り先を確保したいという思惑があった。

平成十七年に独禁法違反容疑で摘発されたが、談合に参加した橋梁メーカーは三菱重工業や日立造船など大手企業をはじめ全国の大半といえる四十七社にのぼった。この史上類をみない大掛かりな談合事件はマスコミを大いに賑わせた。

平成二十二年（二〇一〇）九月、日本道路公団の副総裁と職員十二人に対して有罪判決が確定、橋梁メーカー四十七社中談合に深く関与したとされる二十三社に対して罰金刑が科された。

【クールビズ】 ＊第七版

［**意味**］「涼しい」「カッコいい」という意味の「クール（cool）」と、「仕事」を意味する「ビジネス（business）」の短縮形「ビズ（biz）」をあわせた造語。夏季の軽装を意味する言葉だが、ここでは政府主導の夏の軽装キャンペーンのこと。ノーネクタイ、ノージャケットで冷房費を節約するというもの。

［出処］　平成十七年（二〇〇五）五月に環境省が地球温暖化防止のため、「冷房温度を高く設定しても涼しくかつ格好良い着こなしを」というキャッチフレーズで国民に呼びかけた環境対策の一つである。

クールビズという言葉は環境省の一般公募から選ばれたもので、昭和五十四年（一九七九）の第二次石油ショックのときに導入したが「格好悪い」と定着しなかった「省エネルック」との違いを強調した。環境省は「着ている人が涼しいだけでなく、周囲から好印象をもたれる」とアピール。閣僚や官僚が率先して「ノーネクタイ、ノー上着」姿で国会審議や閣議に臨んだ。

このクールビズ作戦は地方の役所などにも受け入れられ、なかなか好評だったようである。これに気をよくした環境省は、平成二十三年（二〇一一）からクールビズをさらにラフにした、ポロシャツやチノパンなどを着用する「スーパークールビズ」を打ち出している。

【想定内】　そうていない

［意味］　あらかじめ予想した範囲内に収まること。簡単に言うと、「そんなことわかってますよ」といったくらいの意味で使われる。

［出処］　インターネット関連事業を展開するライブドア社長の堀江《ほりえ》貴文《たかふみ》が連発した言葉である。平成十七年（二〇〇五）二月にライブドアが東京証券取引所の時間外にニッポン放送株を取得したと発表して話題になった。そのときの会見での発言「想定の範囲内」が「想定内」と縮められて世間に流布。堀江は証券取引法違反で逮捕されたが、同年の新語・流行語大賞を受賞するほど流行語化した。
想定内の反対語は言うまでもなく「想定外」だが、『広辞苑』にはどちらも収録されていない。

【富裕層】　ふゆうそう

［意味］　金持ちのこと。「金持ち」という言い方には悪徳のニュアンスが漂うため「高額所得者」と言い換えられ、さらに実体をぼやかした「富裕層」になった。
［出処］　富裕層という言葉がいつ誕生したかは不明だが、平成十七年（二〇〇五）の新語・流行語大賞でトップテンに選出されていることを考えると、この年あたりから一般に使われるようになったと思われる。
富裕層といわれる人たちの資産はいったいどれくらいのものなのか。富裕層という言葉に

明確な定義はないが、民間シンクタンクの野村総合研究所が平成二十八（二〇一六）八〜九月に全国の企業オーナーを対象に行った調査報告書がある。その報告書では富裕層を次の三つのクラスに分類して示している。①超富裕層……純金融資産五億円以上。②富裕層……純金融資産一億円以上五億円未満。③準富裕層……純金融資産五千万円以上一億円未満。

純金融資産とは保有する預貯金、株式、債券、投資信託などの金融資産の合計金額から負債を差し引いた金額である。また、世帯数では①が七・三万世帯、②が百十四・四万世帯、③が三百十四・九万世帯である。

【メタボ】

＊第六版　「メタボリック症候群」で解説

［意味］　「メタボリックシンドローム（metabolic syndrome）」の略称。内臓脂肪型肥満（内臓肥満、腹部肥満）に加えて高血糖、高血圧、脂質異常症のうち二つ以上の症状を併せもった状態。日本語で「代謝異常症候群」と訳される。

［出処］　メタボは動脈硬化や糖尿病などの病気を引き起こすリスクの高い症状だが、この言葉の誕生は比較的新しい。メタボの研究は九〇年代から各国で進められてきたが、まだ

メタボリックシンドロームという名称はなかった。平成十年（一九九八）にＷＨＯ（世界保健機関）が世界統一の診断基準を提唱したことにより「メタボリックシンドローム」が正式名称となった。

日本に広く浸透したのは平成十七年（二〇〇五）四月にＷＨＯの診断基準を参考にして日本人に適合する独自の診断基準を日本の学会（日本内科学会、日本動脈硬化学会など八学会）が発表したことによる。以下は日本の診断基準である。

内蔵脂肪の蓄積　男性＝ウエスト周囲径85㎝以上、女性＝ウエスト周囲径90㎝以上。

血圧　収縮期１３０ｍｍＨｇ以上、拡張期85ｍｍＨｇ以上（いずれか、または両方）。

血糖値　空腹時１１０㎎／dl以上。

血清脂質　中性脂肪値＝１５０㎎／dl以上、ＨＤＬコレステロール値＝40㎎／dl未満（いずれか、または両方）。

【シェアハウス】

［意味］英語のシェアドハウス（shared house）からきた和製英語。複数の他人同士が共同で借り、それぞれの個室をもつかたわらキッチンやバス、トイレなどを共有スペースとして利用する生活。またはその住居のこと。

［出処］東京都世田谷区にある「コミュニティハウスアオイエ」というシェアハウス。大学生やＯＬ、会社員、芸人など多種多様な男女十人が共同生活をしている。毎月一回、共同リビングで「家族会議」と名づけられた近況報告で勉強のことや仕事のこと、また悩み事などを語り合う。ある女子大生は、「みんなと暮らしていると今まで気づかなかった温かみを感じるし、毎日が楽しい」と、その居心地の良さを話す。

シェアハウスは旅行者が比較的安く泊まれる簡易ホテルのゲストハウスが原型とされ、欧米では古くからあった居住形態という。

一般社団法人日本シェアハウス連盟によると経済的な理由から若者に支持され、平成十八年（二〇〇六）頃から首都圏を中心に増加。平成二十九年（二〇一七）時点で、全国で四千五百三十三棟を数えた。またリクルートが入居経験者六十九人に入居理由を尋ねたところ、「家賃が安い」（約五割）に次いで「人とのつながり、コミュニケーションがとれる」をあげた人が約三割にのぼった。

シェアハウスの人気を社会デザイン研究者の三浦展《みうらあつし》は、「人々がモノを所有するよりシェアすることで他者とのつながりをもつことに価値を置き始めた」と分析し、そのきっかけの一つにバブル崩壊後の景気低迷をあげる。「企業は合理化を進め、正社員は契約や派遣などの非正規雇用に追いやられた。人を使い捨てる社会だからこそ人との関係を重視するようになった」と指摘する。

【人工知能】　じんこうちのう　＊第四版

［意味］　コンピュータに記憶や学習といった知的活動をさせることを目的とした研究技術。近年は、英語表記の「artificial intelligence」を略した「ＡＩ」がよく使われる。
［出処］　一九五六年（昭和三十一）にアメリカのダートマス・カレッジで開かれた学会においてて計算機科学者のジョン・マッカーシーによって命名されたコンピュータ用語である。

人工知能を語るとき欠かせないのが「ディープラーニング（deep learning）」と呼ばれるプログラムである。「深層学習」と訳され、イコール人工知能と考えてもいい。平成二十八年（二〇一六）から翌年にかけてこのプログラムを導入した人工知能が囲碁、将棋の一流棋士や世界トップクラスのポーカープレイヤーを破ったことから、人工知能という言葉が世界中に浸透していった。

人は目でとらえた情報のなかから色を感じ取り、色の点がつながった線を判別し、さらに線でつくられた形を読み取る。そして形のなかから、たとえば犬の顔などの図形を認識し、その顔立ちから日本犬か洋犬かなどの違いを識別する。こうした認識と同じように段階を踏んで認識していくプログラムがディープラーニングである。

ディープラーニングの機能はすでに実用化されている。スマートフォンに組み込まれた音声で操作するアプリケーション。アップル社のアイフォーンに組み込まれた「siri（シリ）」は「銀座へ行くには？」「近くにあるブティックは？」などと話しかけるとデータベースやウェブを検索して答えてくれる。

人が話す言葉を高い精度で認識するには人工知能の技能が必要とされる。さまざまなノイズのなかから人間の声を聞き分け、正確に認識するためにディープラーニングが使われているという。NTTドコモの「しゃべってコンシェル」もディープラーニングを活用している。

いま世界中の人がインターネット上に文字や画像などの情報を蓄えている。その大量の情報を人工知能がのみ込み、「頭が良く」なっていく。語学学習でいえば文法は飛ばして代わりに日常会話をいやというほど聞いて学習する。フェイスブックは平成二十六年（二〇一四）にさまざまな顔画像から個人を特定する技術を開発している。

インターネット上にある人工知能が世界中のネットワークを瞬時のうちに探索し、人々の居所をとらえる社会がやってくるかもしれない。情報を蓄えれば蓄えるほど進化する人工知能は、いずれ人間の知能を超えるのではないかという予測もささやかれ始めている。

【ツンデレ】

［意味］ 気になる男性や好きな彼氏に対して無愛想にツンツンしていたかと思ったら、急に態度を変えてデレデレといちゃついてくる女性。またそうした様子のこと。
［出処］ ツンデレという言葉の初出は、双葉社の週刊漫画雑誌「漫画アクション」に昭和四十六年（一九七一）から三年間連載された小池《こいけ》一夫《かずお》原作の『高校生無頼控』とされる。「おれたちにツンツンしているくせにあんなイモ野郎にデレデレしやがって」というセリ

フにちなむといわれるが、ここで説明する「ツンデレ」とは意味も使い方も違うという意見もある。平成十二年（二〇〇〇）頃からインターネット掲示板の「2ちゃんねる」などの投稿に「ツンデレ」を用いた書き込みが見ることができ、この頃には現在の意味での使用が始まっていたと思われる。

ほどなくして恋愛シミュレーションゲームの美少女キャラの設定として採用され、平成十八年（二〇〇六）頃からティーン向けのファッション雑誌に、「ツンデレは魅力的で可愛い女性像」などと紹介されるようになった。

そしてこの時期から架空の女性キャラだけにとどまらず実在の女性や男性、さらに猫などのペットにもツンデレという言葉が用いられ始め、その対象は広がっていった。

ツンデレにハマっている人を「ツンデレラー」と呼ぶようだが、近年「ツンデレカップル」も出現しているという。デート中に街中で彼女が彼氏に、「いやなら帰ってもいいんだからね」などと邪険な態度をとり、周囲の反応を楽しむのだとか。

【どや顔】

どやがお

［意味］誇らしげな顔、得意顔、したり顔のこと。

［出処］　どや顔の「どや」は、相手の気持ちをたずねる際に用いる「どうだ」の関西方言「どや（どうや）」が語源。「どうだ、すごいだろう?」「どうだ、カッコいいだろう?」と言わんばかりの、優越感にひたった自慢げな顔つきを「どや顔」というようになった。漫才コンクールのテレビ番組『M－1グランプリ』（平成十八年十二月放送・テレビ朝日系）で、審査員のダウンタウン・松本人志《まつもとひとし》がフットボールアワー・後藤輝基《ごとうてるもと》に、「あのねぇ後藤くんねぇ、突っ込んだ後、どや顔で僕を見るのやめてくれるかなぁ」とコメントしたことから一般に広まったといわれる。

最初に言いだしたのは明石家《あかしや》さんまという説もある。笑福亭鶴瓶《しょうふくていつるべ》がゴルフのパターを決めて得意げな顔をしていたので、さんまが「あにさん、どや顔やめなはれ」と茶化したというエピソードからというが、定かではない。

【ブログ】 ＊第六版

［意味］「ウェブログ（weblog）」の略称。英語表記の後半部分「ブログ（blog）」が通称になった言葉で、インターネット上で日々の出来事を日記風に書き込み、読み手がその記事に対して意見や感想をコメントする形式のサイト。ブログの作成者をブロガー（blogger）

という。

［出処］ブログは九〇年代後半のアメリカで登場し、社会不安が一気に高まった平成十三年（二〇〇一）九月十一日の同時多発テロ事件以降急激に増加したという。

日本ではインターネット利用者が増加した平成十二年（二〇〇〇）頃から急速に普及し、総務省の発表によるとブログ登録者は平成十七年（二〇〇五）九月には四百七十三万人、翌年末には倍近い八百四十八万人にのぼった。この総務省の発表時期にブログという言葉が社会に周知されたように思われる。

今日ではその影響力の大きさと手軽さから、有名無名を問わず多くの人間が参入し、自分のブログを本にするなど出版ビジネスの世界でも注目されている。

【赤ちゃんポスト】

あかちゃんポスト

［意味］　英語表記は baby box。さまざまな事情から、育てられない赤ちゃんの親が匿名《とくめい》で預けることができる窓口。病院に設置される。

［出処］　赤ちゃんポストは平成十九年（二〇〇七）五月に熊本市の慈恵《じけい》病院に設置された日本で唯一の施設。慈恵病院では「こうのとりのゆりかご」という名称を使用している。

赤ちゃんポストの先進国といわれるドイツの施設を参考に開設。病院の一角に備えられたポスト（保育器）に赤ちゃんが置かれるとブザーが鳴り、すぐさま職員が駆けつけて赤ちゃんを保護する仕組みになっている。

この取り組みを支持する声がある一方で、捨て子を助長するとの反対意見もある。慈恵病院には赤ちゃんを入れにきた親のために相談窓口の連絡先が記載されたメッセージカード（家に持ち帰ることができる）が置かれており、あとで後悔して親であることを名乗り出る際の手助けをするといった配慮もみられる。

【お祈りメール】

おいのりメール

［意味］　就職活動に際して企業から送られてくる不採用通知。「お祈りレター」「お祈り」などとも呼ばれる。

［出処］　言葉の発祥は不明だが、平成十九年（二〇〇七）頃からインターネットの書き込みなどで頻繁《ひんぱん》に使われていることから、この頃に就活の学生など若者の間で広まったものと思われる。

お祈りメールはまず応募に対するお礼から始まる。そして不採用になった旨を「採用を見送らせていただく」「残念ながら貴殿の期待に添えない」「ご縁がなかった」などといった言い回しで表現する。最後に「ご健康をお祈り申し上げます」あるいは「ご活躍をお祈り申し上げます」という「お祈り」の文章で締められるのが定番である。

メールの表題には選考に通った場合、「二次選考のご案内」「面接のご案内」などと書かれているのに対し、不採用の場合は、「選考結果のご案内」という表現で通知されることが多い。不採用であることをストレートに伝えるのは不憫《ふびん》だという企業の配慮がうかがえる。

【キャラ立ち】

キャラだち

［意味］「キャラ際立《きわだ》ち」の略。漫画やアニメなどの主人公の性格が他の登場人物とくらべて際立っていること。転じてその人間の個性が他と違っていて、はっきりして目立つこと。

［出処］ 誰が最初に使い始めた言葉なのか定かではないが、七〇年代に劇画原作者の小池《こいけ》一夫《かずお》が劇画の一技法として「人物はキャラクターを立てることが大事」と劇画教室の生徒に語ったことから劇画業界で使われるようになったという。

一般社会に浸透したのは平成十九年（二〇〇七）九月の安倍晋三《あべしんぞう》首相の辞任にともなう自由民主党総裁選挙からである。選挙に立候補した麻生太郎《あそうたろう》が選挙演説のなかで対立候補の福田康夫《ふくだやすお》に対して、「私は非常にキャラが立ちすぎている」と発言。いかにもアニメなどサブカルチャー好きの麻生らしい発言だと話題になり、それが妙に国民に受けたのである。

「キャラ立ち」は主に漫画、アニメの登場人物やお笑い芸人などの際立った個性を示す言葉として用いられるほか、商品販売や能力開発の分野でも広く使われる。ちなみに反対語は性格が同じ、ダブっているという意味の「キャラかぶり」。

【KY】ケーワイ

［意味］その場の雰囲気に合わない言動をする人。またはその様子。「空気（K）読めない（Y）」という造語。

［出処］この言葉は平成十七年（二〇〇五）頃から女子高生がメールで使い始め、やがて日常会話にも使用されて流行語化したといわれる。その後しばらくブームは沈静化したが、再び流行し出したのは平成十九年（二〇〇七）八月の安倍《あべ》改造内閣が発足したときからである。

同年七月の参議院選挙での自民党惨敗後の組閣だったが、麻生太郎《あそうたろう》外相をはじめ留任の閣僚が多く、その顔ぶれは新鮮味に欠けていた。

自民党サイドからは「派手さはないが安定感がある」と評価する声が上がる一方、野党は「参院選で国民が突きつけたノーに答えていない」「大臣の席替え内閣だ」などと人事をいっせいに批判、日本共産党の市田忠義《いちだただよし》書記局長は「（参院選敗北の）張本人が居座って内閣が一新できるわけがない。空気が読めないKY内閣だ」とこきおろした。

この発言がメディアで取り上げられたことからKYは復活。同年の新語・流行語大賞にノミネートされるなどして若者の間に再燃した、しかし、近年はあまり耳にしない。

#【婚活】こんかつ

＊第七版

［意味］合コンやお見合いパーティーへの参加、結婚相談所や情報サービス会社への登録など、結婚相手を見つけるための積極的な活動をいう。

［出処］社会学者の山田昌弘《やまだまさひろ》が考案した造語で「結婚活動」の略。この言葉が初めて世に出たのは、雑誌「ＡＥＲＡ」（朝日新聞出版）平成十九年（二〇〇七）十一月五日号といわれる。「結婚したいなら『婚活』のススメ」の見出しで、結婚したい女性たちの涙ぐましい活動を紹介している。その中で山田は、「今は多様なライフスタイルを選べるようになり、かえって自分の希望したライフスタイルを共有できる相手にたどり着くのが難しく、結婚活動が必要な時代です」と語っている。平成二十年（二〇〇八）二月にディスカヴァー・トゥエンティワンから『「婚活」時代』（山田昌弘、白河桃子《しらかわとうこ》共著）が出版されるにおよんで〝婚活ブーム〟が起き、広く知られる言葉となった。

関連語に「朝活《あさかつ》」（始業前の朝の時間を勉強や趣味にあてること。「朝活動」の略）、「妊活《にんかつ》」（妊娠や出産に関する知識を身につけたり、出産後の生活を考えること。「妊娠活動」の略）、「終《しゅう》活《かつ》」（人生の終末を迎えるにあたり、よりよく生きるための活動。「終末活動」の略。Ｐ１８３参照）などがある。

【准教授】

じゅんきょうじゅ

＊第六版

［意味］　教育に役立つ知識をもって、その知識を学生に教授し、指導する大学教員。教授に準ずる立場。

［出処］　准教授は平成十九年（二〇〇七）四月の学校教育法の改正によって改名された、それまで「助教授」と呼ばれていた大学の役職である。助教授と同等の役職なのだが、ではなぜ准教授に言い換えられたかというと、助教授は海外の大学ではほとんど使われない日本独自の名称だったからである。

助教授（英語表記はassistant professor）という名称は海外ではなじみが薄く、助教授たちの学問や研究が軽視される傾向にあった。この気の毒な状況がきっかけとなり、海外では認知されていない「助教授」という言葉が、諸外国の大学で使われている「准教授」（英語表記はassociate professor）に改称されたというわけである。なお現在でも助教授の名称が使われている大学はある。

【身体検査】

しんたいけんさ

［意味］　身体の健康状態や、所持品を検査すること。転じて閣僚などの要職候補者について、その交友関係、金銭関係など身辺を調査すること。

［出処］　ここで説明する意味での「身体検査」という言葉は昭和四十五年（一九七〇）頃から永田町で使われ始めたようだが、社会に知られるようになったのは平成十九年（二〇〇七）以降と思われる。

その年の六月、事務所問題などの疑惑の渦中で自殺した松岡利勝《まつおかとしかつ》元農水大臣の後任として赤城徳彦《あかぎのりひこ》が就任した。しかし、自身が支部長を務める自民党支部と後援会が政治資金収支報告書に同じ領収書のコピーを添付して二重計上していたことが発覚、その「身体検査」の甘さが露呈した。この不祥事により赤城は、大臣就任からわずか二か月でその座を追われた。彼は国会で事情説明する際、顔に大きな絆創膏《ばんそうこう》を貼って現れたので「絆創膏大臣」と揶揄《やゆ》されて話題になり、と同時に「身体検査」という言葉も社会に流布した。

永田町における身体検査のやり方はそのときの内閣によって違いがあるようである。だが、基本的には官房長官や首相秘書官が、官邸直属の情報機関である内閣情報調査室に閣僚候補について身辺調査をするよう指示する。そして、内閣情報調査室のトップである内閣情報官から調査結果の報告を受け、閣僚に選任しても大丈夫かどうかを判断するというのが一般的という。

「身体検査」をしたにもかかわらず疑惑や不祥事が露見するのは、組閣や改造の際というのは時間が限られているために調査が行き届かないからで、とくに閣僚経験者の場合は、当人に気兼ねして調査を簡単に済ませたり省いたりするからだという。

【鉄子】　てつこ

[意味]　女性の鉄道ファンのこと。

[出処]　「鉄子」という言葉は菊池直恵《きくちなおえ》の紀行漫画『鉄子の旅』（平成十三年～十八年、小学館「スピリッツ増刊ＩＫＫＩ」「月刊ＩＫＫＩ」に連載）に由来する。タイトルに「鉄子」とあるが、人物名ではなく、女性の鉄道ファンの総称である。漫画は旅行や観光、グルメ大好き女性が筋金入りの鉄道ファンであるトラベルライターの男と一緒に鉄道の旅に出かけるという内容である。

『鉄子の旅』は平成十九年（二〇〇七）六月からＣＳ放送（ファミリー劇場）でアニメ化されると、鉄道アイドルの豊岡真澄《とよおかますみ》が声優で出演したこともあって話題になり、鉄子という言葉が鉄道ファンだけでなく一般にも知られるようになった。女性の鉄道ファンが「鉄子」と呼ばれるのに対し、男性の鉄道ファンは「鉄《てっ》ちゃん」あるいは「鉄男《てつお》」と呼ばれる。

【鈍感力】

どんかんりょく

［**意味**］何ごとにもくよくよせず、へこたれないで前向きにとらえる力。

［**出処**］平成十九年（二〇〇七）二月に集英社から出版された作家・渡辺淳一《わたなべじゅんいち》のエッセー集『鈍感力』に由来する。作品は渡辺流〝男と女の人生講座〟で、渡辺は「鈍感力」についてこう記している。

「鈍感なのは生きていくうえで、強い力になる。ひりひりと傷つき易い、鋭く敏感なものより、たいていのことではへこたれない、鈍く逞《たくま》しいものこそ、現代を生き抜く力であり、知恵であります」

『鈍感力』がベストセラーになったことから鈍感力という言葉が流行語化し、その年の新語・流行語大賞のトップテンになった。

【ねじれ国会】

ねじれこっかい

＊第七版「捩れ国会」で表記

［意味］ 日本の国会において、衆議院で与党が過半数の議席を占める一方、参議院では過半数に達していない状態のこと。「逆転国会」とも呼ばれる。

［出処］ この言葉は平成元年（一九八九）七月三十日の朝日新聞朝刊に造語として掲載されたのが初出とされる。記事には「〝ねじれ国会〟複雑さ増す」の見出しで国会運営の行方が記述されている。広く国民に認知されるようになったのは平成十九年（二〇〇七）七月の参議院選挙で自由民主党が平成元年年以来の歴史的敗北を喫したときであり、その結果生じた〝ねじれ状態〟を伝える報道で盛んに使われるようになった。いまではふつうに使用される政治用語になっている。

ねじれ国会になると法案がすんなり可決されないため政治に混乱をきたす。前述した平成十九年にも早速混乱を生んでいる。

平成十三年（二〇〇一）九月に起きたアメリカ同時多発テロを受けて行われていた海上自衛隊のインド洋における給油活動をめぐり、民主党が与党の政策協議の呼びかけに応じず特別措置法が期限切れになった。

特別措置法とは既存の法律では対応できない緊急事態が発生した場合に時期や目的などを

限定して対応するためにつくられる法律。そこで衆院で与党が給油活動を再開するための特別措置法を再可決して成立させたのだが、給油活動を再開するまで三か月の空白を生んだのである。

【ネットカフェ難民】

ネットカフェなんみん

［**意味**］ 主に経済的理由で定住する住居がなく、インターネットカフェ（P51参照）で寝泊まりする人のこと。

［**出処**］ インターネットカフェで寝泊りする人は二十代の若者が最も多く、そのほとんどが派遣社員やアルバイトなどの非正規雇用労働者だという。なかには失職した中高年世代や若い女性もいて、その層は幅広い。住居をもたないという意味ではホームレス寸前の生活といえる。

こうしたネットカフェを住居とする人たちの実態が、平成十九年（二〇〇七）一月に日本テレビのドキュメンタリー番組『ＮＮＮドキュメント』で取り上げられた。アルバイトで生計を立てながらネットカフェを渡り歩いている青年を密着取材し、「ネットカフェ難民漂流する貧困者たち」と題して放送された。「ネットカフェ難民」という言葉の誕生である。

番組制作者によると周囲から孤立し、ネットカフェを住居代わりに寝泊りしている若者たちの姿が、アフリカなどの難民キャンプで苦難を強《し》いられている人たちと重なったことから「ネットカフェ難民」と名づけたという。

この番組の放送以降、メディアでネットカフェ難民という言葉が使われるようになった。そして、その年の新語・流行語大賞のトップテンに選ばれ、貧困と格差の深刻な問題を抱えている現代日本の縮図を表す言葉として社会に定着した。

【ミシュラン】

＊第六版

［意味］仏語表記はMichelin。ホテルとレストランの等級を独自に判定し、星の数で格付けしているガイドブック。フランスのタイヤメーカーであるミシュランが発行。

［出処］一九〇〇年にミシュランがタイヤの販売促進と顧客サービスのためのドライバー向けの旅行ガイドブックとしてフランスで発行したのが始まりである。ガイドブックにはガソリンスタンドや郵便局、公衆電話の位置が示された市街地図とホテル一覧、さらに車の修理法まで掲載されていた。

一九二六年には旅行ガイドブックから独立した、評判の良い料理を提供するホテルを星の数で格付けする「ギッド・ルージュ（le Guide Rouge）」と呼ばれるホテル・レストラン情報誌が発行された。料理につける格付けの星は三つの等級に分かれ、それぞれ次のような意味をもつ。

一つ星　その分野でとくに美味しい料理。
二つ星　極めて美味であり、遠回りしてでも訪ねたくなる料理。
三つ星　それを味わうために旅行する価値のある卓越した料理。

一九六六年頃からフランスだけでなくヨーロッパの各国でも発行されるようになり、二〇〇〇年頃にはアメリカでも発行された。

アジア初となる「東京版」が刊行されたのは平成十九年（二〇〇七）の十一月である。メディアが喧伝《けんでん》したせいもあってか一年間で二十七万部が売れ、たいへんな話題になった。そして何よりも話題になったのは格付け一位の三つ星レストランが八店、二つ星が二十五店、一つ星が百十七店の合計百五十店ものレストランに星がつけられたことだった。

この星の数は自他ともに「食の都」を自負するパリの九十七個を上回ったからメディアは、「快挙だ！」「日本の食は素晴らしい！」などと手を叩いた。しかし当のレストラン店主たちは喜びながらも、「外国人に日本料理の本当の良さがわかるのか」と首をかしげる人も少なくなかった。

【猛暑日】もうしょび　＊第六版

［意味］平常日の気温とくらべて著しく気温の高い日のこと。一日の最高気温が35℃以上の日を指す。

［出処］平成八年（一九九六）頃からマスコミなどでは、一日の最高気温が35℃以上の日を「酷暑日《こくしょび》」と表現していた。気象庁も酷暑日という表現を用いていたが、平成十九年（二〇〇七）四月一日の予報用語（気象庁が天気予報で用いる言葉）改正で正式な予報用語として猛暑日を使うことにし、酷暑日は猛暑日の俗称という位置づけになった。ただし、気温の高い日ではなく激しい暑さを指す場合は「酷暑」と表現し「猛暑」とは言わない。ちなみに一日の最高気温が25℃以上の日を「夏日」、30℃以上の日を「真夏日」という。また、夏日・真夏日に対応する寒い日を「冬日」（一日の最低気温が0℃以下の日）・「真冬日」（一日の最高気温が0℃以下の日）と表現するが、猛暑日に対応する寒い日の表現はない。

平成三十年（二〇一八）の猛暑日最大継続日数ベスト3は、第一位＝福岡県久留米市（四十四日）、大分県日田市（四十四日）、第三位＝熊本県熊本市（四十一日）だった。

【モンスターペアレント】

［**意味**］教育現場において学校や教師などに対して理不尽な苦情や自己中心的な要求をする親のこと。「モンスターペアレント」、あるいは略して「モンペ」ともいう。

［**出処**］アメリカに「ヘリコプターペアレント（helicopter parent）」という言葉がある。子どもの上空を常に旋回し、何かあれば急降下する。つまりすぐに駆けつけてくる過保護な親のことである。モンスターペアレントという言葉は、このヘリコプターペアレントをヒントに、教育評論家の向山洋一《むこうやまよういち》が平成二年（一九九〇）頃に考案した造語（和製英語）とされる。

「うちの子はニンジンがきらいだから給食に使うな」とか「塾に遅れるから運動会を休ませろ」などと無理難題を押しつけるという、教育現場への〝いじめ〟なのだが、九〇年代の中頃から増え始めたという。

学園紛争を体験した世代が学校や教師に対してあまり尊敬の念をもたないまま親になったため自分勝手な要求をするようになったと指摘されている。この言葉が社会に認知されるようになったのは平成二十年（二〇〇八）七月から放送された同名のＴＶドラマ（フジテレビ系）からと思われる。米倉涼子《よねくらりょうこ》扮する女性弁護士が理不尽な要求を突きつけてくる親たちと真っ向から戦う社会派ドラマだが、高視聴率を取って話題になり、以降、「モンスターペアレント」という言葉は社会に定着した。近年はモンスターペアレントの子ども「モンスターチルドレン」が出現しており、新たな問題が起きている。

【闇サイト】

やみサイト

［**意味**］メディアの造語で、殺人や恐喝などの犯罪行為の勧誘を主な目的としているウェブサイトの総称。

［**出処**］平成十九年（二〇〇七）八月二十四日の深夜、名古屋市内の路上で帰宅途中の女性会社員が三人組の男に拉致《らち》され、現金を奪われたうえに殺害され、岐阜県内の山中に遺体を捨てられた。三人の男たちは八月二十六日に強盗、殺人、死体遺棄の容疑で逮捕されたが、彼らは「闇の職業安定所」という闇サイトを通じて知り合った。

闇サイトという言葉は平成十七年（二〇〇五）頃からメディアで使われ始めたようだが、この闇サイト強盗殺人事件は世間を驚かせ、「闇サイト」の名が一躍有名になった。

日本テレビの報道番組「news zero」が闇サイトを開設する理由について運営者に取材したことがある。すると、広告収入を目当てにサイトを開設するが、たとえ犯罪の勧誘に利用されようとも無関心を装うという言葉が返ってきたという。

闇サイトの代表的な例としては、集団自殺志願者を募るもの、ワイセツ画像を公開するもの、銃や違法薬物を売買するものなどがある。犯罪の温床になりやすい闇サイトだが、用件を書き込むだけでは規制や摘発は難しいため、その存在への対処は今後の大きな課題となっている。

【アラフォー】

［意味］「アラウンドフォーティ(around forty)」を略した和製英語。はじめは四十歳前後の女性のことを指したが、最近は男性にも使われる。

［出処］平成十八年(二〇〇六)頃から、服飾業界では三十歳前後の女性を「アラサー(around thirty)」と呼んでおり、その派生語として生まれた言葉といわれる。平成十九年(二〇〇七)頃から使われ始め、平成二十年(二〇〇八)の四月から放送された天海《あまみ》祐希《ゆうき》主演の同名ドラマ『Around40～注文の多いオンナたち～』(TBS系)のヒットで火がつき広まった。

当時のアラフォーは「男女雇用機会均等法」(昭和六十一年施行)のもとで就職し、結婚後も仕事と家庭を両立できるようになった世代。バブル全盛期に青春を謳歌したこともあって、その時代のまま気持ちは若々しい。

彼女たちが出現する前は四十路《よそじ》などと呼ばれて年老いたイメージだったが、元気旺盛で四十代を楽しみながら生きるポジティブな人生観をもつ。五十歳前後を「アラフィフ（around fifty）」、六十歳前後なら「アラカン（around 還暦）」と呼ぶ派生語も生まれた。

【ゲリラ豪雨】

ゲリラごうう　＊第七版

［**意味**］　大気の不安定により突発的に起こる局地的な大雨のこと。

［**出処**］　〝遊撃〟や〝奇襲〟を意味する「ゲリラ戦法」になぞらえた言葉で、「集中豪雨」とほぼ同義。正式な気象用語ではなく、新聞やテレビなどの報道で集中豪雨の代わりとして使われている。

昭和四十四年（一九六九）八月十日の読売新聞朝刊に〈ゲリラ豪雨　犯人〝猛烈寒気団〟〉の見出しで次のような記事が掲載されている。

――ことしは七月台風をはさんで先月末から連日のように局地的な集中豪雨に見舞われ、各地で大きな被害を出している。ツユ末期そっくりの異常気象をつくった直接の〝犯人〟は――暑い夏というのにカムチャツカ半島上空にどっかり腰をすえている猛烈な寒気団。（中略）始末が悪いことに、この集中豪雨は、いつごろ、どこで、どれくらいの雨が降るか全く見当がつかないこと。つまり、前線のどの部分が活発化しているかがつかめないわけで、気象庁の予報官も「前線付近は十分な警戒をしてくださいとしかいえません」と、すっかりお手上げ。それほど、今度の前線豪雨はゲリラ的なのだ――

「ゲリラ豪雨」という言葉が最初に登場したのは、この新聞記事においてである。以後、マスコミで徐々に使われるようになり、平成二十年（二〇〇八）の七月から九月はじめに日本各地で豪雨災害が多発したのをきっかけにこの言葉が頻繁《ひんぱん》に用いられることに。この年の新語・流行語大賞のトップテンに選ばれたこともあって一般に定着した。

【地産地消】

ちさんちしょう

*第六版

［意味］「地域生産・地域消費」の略語。地域で生産されたさまざまな食材をその地域で消費しようという運動。

［出処］「地産地消」という言葉の誕生には諸説ある。農林水産省の生活改善課が昭和五十六年（一九八一）から昭和五十九年（一九八四）まで実施した地域内食生活向上対策事業で使われ始めたという説。秋田県職員が昭和五十九年に雑誌「食の科学」で用いたという説。同時期に農水省の広報誌に掲載されていたという説などである。

これらの説をまとめると八〇年代中頃には、すでに全国の農業関係者の間で認知されていた言葉と推察される。国民に広く知られるようになったのは平成二十年(二〇〇八)から始まった農水省の取り組みによると思われる。

地産地消に関する豊富な知識や経験をもち、各地域で優れた地産地消活動を行っている人の活躍ぶりを紹介する取り組みである。平成二十年(二〇〇八)九月に地場農産物の生産や販売などに尽力している農業関係者のほか、料理人や学校給食関係者などさまざまな形で地産地消にトライしている人を全国から公募。

応募者のなかから選ばれた四十八人を「地産地消の仕事人」と命名。その「仕事」ぶりを農林水産省のホームページで紹介するなどの情報発信につとめた。この農水省の取り組みが、生産現場の意識を変え、生産と販売や消費が連携して地域が一体となった「地産地消」に発展したという評価を得た。

満足のいく成果が得られたことを受け、平成二十三年(二〇一一)にこの取り組みは終了したが、その後も全国各地のそれぞれの立地条件を活かした創意工夫のある優れた活動を表彰するなど地産地消活動のいっそうの推進を図っている。

【派遣切り】

はけんぎり

［意味］　企業が派遣労働者に対して契約期間満了前に契約を打ち切ること。

［出処］　平成二十年（二〇〇八）九月に始まった、いわゆるリーマンショックと呼ばれる金融危機を発端とする世界的不況で、自動車や電機などの製造業界は生産の落ち込みがひどくなった。そのため非正規労働者は次々と雇用調整の対象となり、派遣労働者は真っ先に契約を打ち切られた。年末には、仕事だけでなく住居も失った派遣労働者に炊き出しを行う「年越し派遣村」が東京の日比谷公園に開設されるなどして社会問題に発展した。この深刻な事態がメディアで報道されたことから「派遣切り」という言葉が一般に知られるようになった。

この言葉を誰が使い始めたのか、はっきりとしたことはわからない。派遣業界には「派遣切り」という言葉は存在しなかったという。

「派遣切り」と混同される言葉に「雇い止め」がある。「派遣切り」は契約期間中に契約を打ち切られることを指す。対して「雇い止め」は契約満了を迎えたときに契約を更新せずそのまま辞めさせてしまうことである。派遣業界によると、マスコミ報道では「雇い止め」のことがよく「派遣切り」と混同・誤用されるそうである。

【ふるさと納税】

ふるさとのうぜい

＊第七版

［意味］　個人が行う任意の自治体への寄付制度。生まれ育ったふるさとを応援するという趣旨からこの名がある。

［出処］　平成十六年（二〇〇四）に長野県泰阜《やすおか》村が導入した寄付条例がモデルとされ、都市と地方の税収格差を埋める目的で、平成十九年（二〇〇七）五月に創設、翌年五月からスタートした。

自分の生まれ故郷に限らず、どの自治体にでも寄付ができ、寄付額から二千円を差し引いた額が住民税や所得税から控除される。現在は、寄付先が五か所までなら確定申告は不要で、寄付金の使い道についても寄付した本人が指定できる。

寄付先から返礼品として高級和牛やブランド米、旅行宿泊券などの特産品や特典が送られてくることもあるため人気を呼び、開始年には百五十億円だった納税額は、平成二十七年（二〇一五）度には千六百五十億円まで増え、さらに二年後には三千六百億円にのぼった。同時に高額な返礼品による自治体の寄付金集め競争が過熱、金券が返礼品として配られ、富裕層（Ｐ１４２参照）が節税対策に利用するなど、本来の目的から外れるようなケースも起こるようになった。

こうした弊害が現れてきたため、政府は高額な返礼品を法律で規制することを決めた。返礼品の還元率が寄付額の三割を超えたり、地元と無関係な返礼品を用意したりする自治体への寄付は控除を認めず対象外にするという。また、返礼品を廃止するような方法もふくめて制度の抜本的な見直しも検討するとしている。

【ペットロス】

＊第六版

［意味］　英語表記は pet loss。猫や犬などのペットを失った飼い主が精神的・身体的不調にさいなまれること。深い悲しみに襲われ、不眠や情緒不安定、摂食障害などの症状が現れることもある。

［出処］　ペットロスという言葉は、七〇年代中頃のアメリカでペットとの死別問題に関心をもつ医師たちが会合を開いたとき、「ペットの喪失（loss of pet）」という意味合いで用いたことに始まるとされている。

日本で広く知られるようになったのは平成二十年（二〇〇八）に発生した連続襲撃殺人事件である。十一月十七日と十八日に元厚生事務次官宅が襲われ、死傷者三人を出した事件だが、その五日後に四十六歳の無職男が出頭し犯行を自供した。

男の供述による犯行動機は、小学生の頃に飼っていた子犬が保健所で殺処分《さつしよぶん》されたことへの「敵討《かたきう》ち」だった。この不可解な犯行動機に専門家の間で、「容疑者は精神疾患ではないのか」「統合失調症の疑いがある」との見方が浮上した。ペットを失ったショックから精神を患《わずら》うことは起こり得るので「ペットロスから襲撃」とマスコミでは報道されたが、一部の精神科医からは「事件とペットロスを結びつけるのは違和感がある」と反発の声が上がった。

元厚生事務次官とペットの犬とのつながりについては明らかにならないままだったが、いずれにせよ、この事件によってペットロスという言葉が周知されたことは確かである。

【ゆるキャラ】

［意味］　地方のイベントやキャンペーン、特産物の紹介などで登場する着ぐるみのマスコットキャラクター。「ゆるいキャラクター」の略。とくに地域のＰＲ活動に登場するものを「ご当地キャラ」と呼ぶ。

［出処］　八〇年代の地方博覧会ブームで作成されたマスコットキャラクターがゆるキャラの原点といわれる。昭和五十七年（一九八二）に開催された北海道博覧会の「とべとべハ

ック」、翌年の大阪城博覧会での「ゆめまるくん」などである。

「ゆるキャラ」という名称はイラストレーターでエッセイストのみうらじゅんが着ぐるみマスコットが放つゆるい雰囲気を見て考案したという。ゆるキャラのポイントを、「郷土愛に満ち溢れた強いメッセージ性があること」「立ち居振る舞いが不安定かつユニークであること」「愛すべき、ゆるさ、を持ち合わせていること」と語っている。

平成十五年（二〇〇三）頃から地域のイベントなどで続々と登場し、翌年、みうらが、全国のゆるキャラを網羅した『ゆるキャラ大図鑑』（扶桑社）を出版したことで知名度が上がっていった。

平成十九年（二〇〇七）には国宝・彦根城築城四百年祭のイメージキャラクターとして「ひこにゃん」が登場すると、それが火付け役となってゆるキャラブームが巻き起こった。以来、熊本の「くまモン」や栃木県の「さのまる」など全国からさまざまなキャラクターが登場。その日本一を競う「ゆるキャラグランプリ」が毎年開かれるなど人気を博している。

【ロスジェネ】

［意味］「ロストジェネレーション」を略した和製英語。「ロストジェネレーション（the

Lost Generation)」は、もともとはアメリカの女流作家ガートルード・スタインが、ヘミングウェイ、フィッツジェラルドら第一世界大戦後の若手世代の作家たちを評して使った言葉で、「失われた世代」と訳される。ここではバブル崩壊後の就職難の時代に社会に出た世代を指す。フリーターやアルバイト、派遣労働者などの低所得の若者の総称として使われる。

［出処］ 平成二十年（二〇〇八）五月三日、派遣やフリーターなどの若者たちが全国から東京都に集結、「自由と生存のメーデー」と命名して数百人がデモ行進した。「ロスジェネに雇用を」「使い捨てにするな」「安心して生きさせろ」などそれぞれの思いを込めたプラカードを掲げ、新宿の繁華街を音楽を流しながらデモンストレーションして貧困と格差の解消を訴えた。

デモに参加した若者たちは同月に雑誌「ロスジェネ」（かもがわ出版）を創刊、その巻頭で「私たちは、いまだ名づけられ得ぬ存在として日々働き暮らし死んでいきつつある。その数二千万人。全国のロスジェネ諸君！　今こそ団結せよ」と宣言している。

毎年メーデーに行われるロスジェネ世代による「自由と生存のメーデー」は日本各地に広がり、彼らに対する社会の関心が高まっていった。

自分たちの境遇と通じるものを感じたのか、小林《こばやし》多喜二《たきじ》のプロレタリア文学の傑作と評される『蟹工船《かにこうせん》』が彼らの愛読書だったという。昭和四年（一九二九）に発表された『蟹工船』は「おい地獄さ行《え》ぐんだで！」という書き出しで始まる、戦前の北洋漁業船で働く人々の過酷で悲惨な姿を描いた小説であるが、平成二十年のベストセラーにも名を連ね、ブームとなった。

コラム

作家の「広辞苑愛」

辞書は、物書きには欠かすことのできないものだが、『広辞苑』はとりわけ人気が高い。

ノーベル賞作家の大江健三郎《おおえけんざぶろう》は、『広辞苑』を読むのが趣味で、高校生の頃には三冊ボロボロになるまで使い込み、さまざまな漢字や言葉を暗記したという。ふつう辞書は言葉の意味や語源を「調べる」もので、「読む」ことはあまりない。難解な言葉を多用するのが大江文学の特徴の一つだが、この〝広辞苑読破〟が影響しているのかもしれない。

数多くのベストセラー作品を世に出している直木賞作家の三浦《みうら》しをんは、まだ文字がきちんと読めない幼稚園児の頃から、国文学者である父の書斎で『広辞苑』を取り出してはその手触りやインクの匂いを楽しんでいたという。のちに、辞書編集部を舞台に、辞書づくりに携わる人々の情熱とロマンを描いた『舟を編む』を執筆する萌芽《ほうが》が見て取れる。

極めつけは、直木賞を受賞した『孤愁の岸』や、『滝沢馬琴《たきざわばきん》』などで知られる歴史作家の杉本苑子《すぎもとそのこ》。随筆「一緒に無に還りたい」で、〝長年月、寄り添ってくれていた辞書〟との言葉で『広辞苑』に感謝し、〝死んだら冨士霊園に建つ文学者の墓の、自分の名の下に、使い古した『広辞苑』を一冊、埋めてくれ〟という遺言をしたと明かしている。杉本の『広辞苑』への深い愛情と信頼が伝わろう。

PART 5

平成二十一年〜平成二十五年

「裁判員裁判」から「ヘイトスピーチ」まで

【裁判員裁判】

さいばんいんさいばん　　**＊第六版　「裁判員制度」で解説**

［意味］　抽選で選ばれた一般市民（有権者）が「裁判員」となって、裁判官とともに重大な刑事事件の審理に参加する裁判制度。

［出処］　「裁判員の参加する刑事裁判に関する法律」（裁判員法）によって平成二十一年（二〇〇九）五月に施行された制度。従来の裁判官だけの裁判では法律の専門家にしか理解できない事例があり、裁判官の下す判断のなかには世間の常識からかけ離れた判断も少なくなかった。その結果、いわゆる冤罪《えんざい》を生むこともあった。

そこで国民が裁判に参加することにより、国民にとって裁判を身近でわかりやすいものとし、なおかつ健全な社会通念にもとづいて裁判が行われることで司法に対する国民の信頼の向上を図ることを目的としている。裁判員に選ばれた者には担当する裁判の六週間前までに裁判所から呼び出し状が届く。参加は義務で、正当な理由がないのに呼び出しに応じなければ十万円以下の過料に処せられる場合がある。

現在は殺人や傷害致死など、一定の重大事件に限って行うこととされているが、専門家の話では、将来窃盗や過失傷害など比較的軽い刑事事件にまでその範囲が広がる可能性があるという。

【終活】《しゅうかつ》

[意味] 人生の終末を迎えるにあたり、よりよく生きるための活動。「終末活動」の略。葬儀や墓、遺言、遺産相続などの準備をすること。

[出処] 就職活動を「就活」と略すのと同種の造語で、平成二十一年（二〇〇九）八月から「週刊朝日」（朝日新聞社）に連載された「現代終活事情」という記事で初めて使われ、社会に知られるようになった。当初は葬儀や墓の準備を生前に行うことを指したが、言葉が定着するとともに医療や介護での希望、遺品整理、遺言、相続といった準備もふくまれるようになった。「終活本」といわれる書籍も数多く出版され、専門コーナーを設けて「終活フェア」を開く書店も現れている。

こうした〝終活ブーム〟の理由として、深刻な高齢化社会を迎えたなかで地縁、血縁を失った高齢者が多くなって独居老人や孤独死が増えたことがあげられる。また、東日本大震災で、「年齢を問わない、誰にでも起こり得る不測の死」を目《ま》の当たりにしたことで、人生の終末との向き合い方を改めて意識するようになったことも理由といえよう。

【草食男子】

そうしょくだんし

［意味］　性格が穏やかで協調性があり、恋愛やセックスに執着しない男性。肉（肉欲）を求めない草食動物になぞらえた言葉。

［出処］　平成十八年（二〇〇六）十月にコラムニストの深澤真紀《ふかさわまき》が「日経ビジネス」のオンライン版の連載記事「U35男子マーケティング図鑑」のなかで使ったのが初出である。また、平成二十年（二〇〇八）には集英社の女性雑誌「non－no」（四月五日号）で深澤監修の「草食男子」特集が掲載されている。

その後、同年七月に、哲学者の森岡正博《もりおかまさひろ》が『草食系男子の恋愛学』（メディアファクトリー）を出版、十一月にはマーケティングライターの牛窪恵《うしくぼめぐみ》が『草食系男子「お嬢マン」が日本を変える』（講談社）を刊行。いずれもベストセラーとなった。

平成二十一年（二〇〇九）になると新語・流行語大賞の影響を受けて新聞各紙が先を争うように草食男子の特集記事を掲載し、この言葉の認識度が一気に高まり、「草食男子」はその年の新語・流行語大賞トップテンを獲得している。

ちなみに深澤は草食男子を、「恋愛に縁がないわけではないが、肉欲に積極的でない淡々とした男子」と定義している。牛窪も深澤とほぼ同様。森岡は、「心が優しく男らしさに縛られず恋愛にガツガツせず傷ついたり傷つけたりすることが苦手な男子」と定義している。

【断捨離】だんしゃり

［意味］物への執着を捨て、不要な物を減らすことによって居心地のよい日々を送ろうという考え方。


［出処］平成二十一年（二〇〇九）十二月にマガジンハウスから出版されたやましたひでこの『新・片づけ術「断捨離」』で提唱された言葉。断捨離はヨガの「断行・捨行・離行」に由来し、「断」は入ってくる不要な物を断つこと、「捨」は家にあるガラクタを捨てること、「離」は物への執着から離れることを表す。

「断捨離」することで「もったいない」という固定観念から解放され、調和のある快適な生活を手に入れ、さらには人生の運気を向上させることを目的としている。ヨガの修行法が基礎となっているため、単なる片づけ術とは一線を画すとされ、「断捨離」はやましたの登録商標にもなっている。

【パワースポット】

＊第七版

［意味］和製英語で、表記はpower spot。心身を癒《いや》すエネルギー、霊力に満ちている場所。大地の〝気〟がみなぎるところ。

［出処］平成二十一年（二〇〇九）十二月二十五日、東京の明治神宮にある清正《きよまさ》の井戸に突如行列ができて騒ぎになった。前日のTV番組で占い芸人の島田秀平《しまだしゅうへい》が、「清正の井戸をケータイの待ち受け画面にすると運気が上がる」とそのご利益《りやく》を紹介したことが引き金だった。

清正の井戸は戦国武将の加藤《かとう》清正が掘ったとされ、島田によると明治神宮は富士山から流れる〝気〟の経路にあり、その〝気〟が自然の湧水である清正の井戸から出ているのだという。

パワースポットという言葉は、昭和五十年（一九七五）頃に超能力者と称して世間を賑わせた清田《きよた》益章《ますあき》が、「大地のエネルギーを採り入れる場所」として使い始め、九〇年代から広まったとされる。

清正の井戸の行列は一か月ほど続き、パワースポットという呼び名が一気に広まった。今日では全国各地にある神社仏閣や景勝地にもパワースポットがあるとして、その地に出向く若者も多い。

【歴女】れきじょ

［意味］　歴史好き、歴史ファンの女性のこと。「歴史好き女性」の略。

［出処］　この言葉の起こりは、平成十七年（二〇〇五）七月に発売された「PlayStation2」向けのゲームソフト『戦国BASARA』からといわれる。現代的イケメン武将たちが戦国時代を舞台に超人的な技で死闘を繰り広げるゲームで、そのキャラクターやストーリーに惹かれた女性たちが武将のコスプレをするようになったのがきっかけとされる。

歴女が増え始めたのは『三国志《さんごくし》演義《えんぎ》』を題材にした中国映画『レッドクリフ』が大ヒットした平成二十年（二〇〇八）十一月頃から。

この映画の公開記念イベントに参加した歴史好きのアイドル・美甘子《みかこ》が「歴ドル」と呼ば

れたことから、一般の歴史好き女性に対して「歴女」という言い方が生まれたようである。平成二十一年（二〇〇九）、兜の前立《まえだて》に「愛」の文字をあしらった戦国武将・直江兼続《なおえかねつぐ》を演じる妻夫木聡《つまぶきさとし》をはじめ、多数の〝イケメン俳優〟が出演するNHKの大河ドラマ『天地人《てんちじん》』が放送されると、ブームは加速、歴女という言葉が一気に広まった。

【イクメン】

［意味］　育児をする男性のこと。「育児」の「イク」と「メン（men）」の合成語で、「イケメン（いけてるmen）」にひっかけた言葉。

［出処］　平成二十二年（二〇一〇）六月、長妻昭《ながつまあきら》厚生労働相が少子化打開策の一環として「イクメンという言葉を流行《はや》らせたい」と国会で発言し、男性の子育て参加と育児休暇の取得推進を目的とした「イクメンプロジェクト」を立ち上げた。このプロジェクトを受けて、女性雑誌や育児雑誌が男性の子育てを扱った記事を頻繁《ひんぱん》に掲載するようになったことからイクメンという言葉が社会に浸透した。

厚生労働省はイクメンを、「積極的に子育てを楽しみ、自らも成長する男性。実際に子育てに参加できなくても将来はそうありたいと願う男性もふくまれる」としている。しかし育児に参加しようにも育児休暇が取得できないというのが現状である。

男性の育児休暇取得率は平成二十九年（二〇一七）現在五・一四パーセント。女性の八十三・二パーセントと比べて、極めて低い。厚生労働省は二〇二〇年までに男性の育児休暇取得率を十三パーセントに引き上げたいとしているが、休暇を取れるのはお役所くらいなもので、民間では現実的に難しいと冷ややかな見方をする人も多い。

【LGBT】 エルジービーティー ＊第七版

［意味］ 性的少数者を指す言葉。Lesbian（レズビアン：女性同性愛者）、Gay（ゲイ：男性同性愛者）、Bisexual（バイセクシュアル：両性愛者）、Transgender（トランスジェンダー：身体と心の性の不一致）の頭文字をとった総称。

［出処］ 九〇年代中頃から欧米で、主に人権問題が論議される場で使い始められた言葉である。七〇年代からレズビアンやゲイ、バイセクシュアル、トランスジェンダーの人たちが差別の撤廃や法的権利の獲得を求めてそれぞれ活動していたが、九〇年代に起きたエイズ問題をきっかけに連帯し、自分たちをまとめて「ＬＧＢＴ」と名乗るようになった。日本でも、九〇年代からＬＧＢＴの人たちがパレードや映画祭などを開催するなど、ＬＧＢＴへの理解を深めるためのデモンストレーション活動を各地で続けてきた。この言葉が日本に浸透し始めたのは平成二十二年（二〇一〇）頃からと思われる。この頃

から福岡県の「にじだまり」をはじめとしたＬＧＢＴの人たちとの交流団体が結成されるなど〝隣人の輪〟が次第に広がっていった。近年はＬＧＢＴの人たちが働きやすい職場づくりに取り組む企業も現れており、ＬＧＢＴへの理解が着実に深まりつつある。が、一方で平成三十年（二〇一八）には衆議院議員の杉田《すぎた》水脈《みお》による「「ＬＧＢＴ」支援の度が過ぎる」（「新潮45」八月号）と題した記事がＬＧＢＴへの理解を欠くとして批判を浴びるなど、まだ問題を抱えている面もある。

【遠距離恋愛】

えんきょりれんあい

［意味］　住まいなどお互いが遠く離れている状態での恋愛関係。

［出処］　平成二十二年（二〇一〇）十月に公開されたアメリカ映画『遠距離恋愛　彼女の決断』は、音楽業界で働く青年とジャーナリスト志望の女性の遠距離恋愛の行方を描いたラブロマンスだが、アメリカで興業収入が年間のトップテンを記録する大ヒットとなり、日本でもたいへん話題になった。この頃から「遠距離恋愛」という言葉が女性誌などのメディアで使われ始め、社会に広まっていったようである。

遠距離恋愛という言葉自体には明確な定義はない。映画ではニューヨークとサンフランシスコの距離だが、恋愛している本人たちが遠距離恋愛と感じていれば、それが一般的感覚では近距離であっても遠距離恋愛とされる。

ブライダル企業のウエディングパークが、遠距離恋愛の経験がある二十代から三十代の女性百三十四人を対象に行ったアンケート調査がある。遠距離恋愛の〝その後〟を質問したところ、約三十六パーセントに当たる四十八人が結婚したという回答だった。また、遠距離恋愛を長続きさせるために工夫していることを聞いたところ、「まめに連絡をとる」「相手を思いやる気持ちを忘れない」「彼に依存する生活をしない」といった回答結果だった。

【女子会】 じょしかい

［意味］ 女性だけのグループが居酒屋などで会話をしながら飲んだり食べたりすること。
［出処］ この言葉の火付け役となったのはモンテローザが経営する居酒屋チェーン「笑《わら》笑《わら》」である。女性限定のサービスで女性客を集めようと平成二十一年（二〇〇九）十一月に「三時間飲み放題食べ放題三千三百円」の飲食形式を「女子会プラン」という名で提供した。これが、男性抜きで気楽におしゃべりしながら飲み食いしたい女性のニーズとマッチし、手頃な値段設定もあいまって、人気を呼んだ。

この成功を見た他の飲食同業者も次々に追随、「女子会」という呼び名が広まっていったのである。平成二十二年（二〇一〇）頃にはＴＶ番組や雑誌などで取り上げられるようになり、社会に定着した。

【美魔女】びまじょ

［意味］　実年齢よりも若々しい美貌と知的な色気を兼ね備えた三十代から四十代の魅力的な女性。

［出処］　光文社が発行する女性誌「美ＳＴＯＲＹ」によって考案された造語。才色兼備の女性を指し、「魔法をかけたような美しさ」という意味合いがある。

平成二十年（二〇〇八）十一月の「美ＳＴＯＲＹ」創刊準備号に「美魔女」という言葉を登場させ、以来ウェブサイト上で七人の女性が美容食や美肌づくりの秘訣を語る「７人の美魔女会議」を立ち上げるなどして「美魔女」の浸透を図った。

知名度が一気に上がったのは同誌が仕掛けた三十五歳以上の女性による「国民的美魔女コンテスト」。平成二十二年（二〇一〇）十一月に開催されると、全国から約二千五百人の女性が集まって話題になり、この盛り上がりがＴＶ番組や雑誌で紹介された。

同誌は、「年齢が無意味なほどの輝いた容姿」「経験を積み重ねて磨かれた内面の美しさ」「いつまでも美を追求し続ける好奇心と向上心」「美しさが自己満足とならない社交性」という条件を備えた女性を「美魔女」と定義している。

ちなみに、光文社は「美魔女」を商標登録している。

【無縁社会】　むえんしゃかい

［意味］　家族や地域などにおける人と人との関係が薄れ、孤立する人が増えている社会。

［出処］　ＮＨＫによって平成二十二年（二〇一〇）に放送されたＴＶ番組で用いられた造語である。同年一月三十一日にＮＨＫスペシャル『無縁社会　〝無縁死〟3万2千人の衝撃』というショッキングなタイトルのドキュメンタリーが放送された。かつて日本社会が培《つちか》ってきた地縁、血縁といった地域や家族、親類との絆が失われ、孤立化して死んでいく人が年間三万二千人もいるという内容である。

この放送が大きな反響を呼んだことから、ＮＨＫは続く二月十一日に『無縁社会　新たなつながりを求めて』を、四月三日に『無縁社会　私たちはどう向き合うか』を、さらに九月五日には『消えた高齢者　〝無縁社会〟の闇』を連続して放送。現代社会が抱えている現実を浮き彫りにしたことから「無縁社会」という言葉が日本中を席巻した。地域や家族などによる深い絆が近年失われつつあることで、かつてあった「助け合い」の仕組みもなくなり、社会から孤立している人が急増しているのだ。とりわけ高齢者に多い。その要因としては、核家族化、非婚化、長寿化による独り暮らしの増加や雇用形態、住居など生活様式の変化があげられる。

そうしたなかで年間三万人以上が孤独死している。死因は病気、餓死、自殺などさまざまだが、誰にも気づかれずに死亡し、身元も判明しないまま埋葬されて〝無縁仏〟になるケースも少なくない。

これまで地域や家族が担ってきた支え合いが失われつつある昨今、新たな社会的な絆をどのようにつくり上げていくかが緊急の課題となっている。

【モテ期】 モテき

[意味] 人生においてほとんど異性にモテなかった人が急にモテる時期。

[出処] 講談社発行の漫画雑誌「イブニング」に平成二十年（二〇〇八）十一月から平成二十二年（二〇一〇）四月まで連載された久保《くぼ》ミツロウの『モテキ』に由来する。

今まで一度も女の子にモテたことがなかった三十歳間近のさえない男が、ある日突然女の子から次々と誘いがくるようになる。人生初の「モテ期」到来に戸惑いながらも女の子とのデートを必死で頑張るという漫画である。

平成二十二年七月にテレビ東京でドラマ化され、その年の新語・流行語大賞にノミネートされると話題になり、「モテキ」が「モテ期」として使われるようになった。

モテ期は人生で三回やってくるという説がある。恋人ができたとき、結婚したとき、子どもができたときだという。何となくわかるような気もするが根拠はない。

【山ガール】　やまガール

［意味］　カラフルでファッショナブルなアウトドアウェアを着用して山登りを楽しむ若い女性のこと。

［出処］　専門雑誌などのメディアがつくった言葉と思われるが、初出など詳しいことは不明である。平成二十一年（二〇〇九）頃からの登山ブームに乗って使われ始めた。

二十代から三十代の女性の間で、富士登山や野外音楽イベントなどのアウトドア趣味が広まっていたところに、雑誌やTVなどを通じて新たなスタイルの登山ファッションが入ってきたのが「山ガール」ブームの契機となった。

とりわけ平成二十二年（二〇一〇）頃から頻繁《ひんぱん》に放送されたTV番組がブームの背中を押した。『萌ゆるッ♥山ガール!!』（関西テレビ）、『登る女』（BS日テレ）、『あなたもこれから山ガール』（NHK Eテレ）などである。

ブームの牽引《けんいん》力になったのが「山スカ」と呼ばれるスカート。タイツと組み合わせて着用するスカートで保温性や着脱性に優れており、おしゃれなデザインで人気になった。

山ガールは登山ブームが落ち着いた今日でも意気軒昂《けんこう》で、平成二十四年（二〇一二）十一月に熊本県上天草市で親睦イベント「山ガールサミット」を開催。翌年には宮崎県えびの市でも開き、平成三十年（二〇一八）には大分県佐伯市、鳥取県大山《だいせん》町と各地へどんどん広がりを見せ、全国から山ガールが集まる一大イベントになっている。

【帰宅難民】

きたくなんみん　＊第七版

［意味］　勤務先や外出先で地震や台風などの自然災害に遭い、帰宅が困難になった人。「帰宅困難者」ともいう。

［出処］　「帰宅難民」という言葉が大きくクローズアップされたのは平成二十三年（二〇一一）三月十一日に発生した東日本大震災である。内閣の推計では東京都で三百五十二万人、神奈川県で六十七万人、千葉県で五十二万人、埼玉県で三十三万人、茨城県で十万人、首都圏で合計五百十五万人が当日自宅に帰れない帰宅難民となった。帰宅難民は次の二つのケースを併せた概念とされる。

災害発生によって交通機関が運行停止する事態が生じた際に自宅があまりにも遠距離にあるため帰宅をあきらめた「帰宅断念者」。遠距離ではあるが何とか帰宅できると判断して帰宅した「遠距離徒歩帰宅者」である。

また内閣府では、帰宅するまでの距離が十キロ以内ならば全員が帰宅可能、十キロを超えると帰宅できない者が出てきて二十キロまで一キロごとにそれが一割ずつ増加、二十キロを超えると全員が帰宅困難になる、としている。首都圏直下型地震が発生した場合、大量の帰宅難民が出ると懸念されているが、その数は六百五十万人にのぼると推計される。

【津波てんでんこ】 つなみてんでんこ

［意味］　津波が来たら、助かるためには他人や家族にもかまわず自分ひとりで逃げろという意味の言葉。

［出処］　「てんでんこ」は「各自」「それぞれ」を意味する「てんでん（ばらばら）」に東北の方言によくみられる接尾辞「こ」がついた言葉。「津波てんでんこ」は「津波が来たらそれぞれひとりで逃げろ」という解釈になる。

「津波てんでんこ」は東北の三陸地方に古くからある言い伝えとされる。平成二十三年（二〇一一）三月十一日に発生した東日本大震災では、とくに岩手県釜石東中学校の事例が全国の注目を集めることとなった。

地震発生直後、同中学校の生徒たちは取る物も取りあえず、ただちにそれぞれ学校を飛び出し、「津波が来るぞ！」「逃げるぞ！」と周囲に知らせながら高台めがけて走った。生徒たちはそれぞればらばらに走ったが、逃げる方向はみな一緒だった。生徒が逃げるのを見て近所の小学校の児童や教師たちもあとに続き、さらに多くの住民もそれにならった。中学生たちは小学生やお年寄りの手を引いて走り続け、巨大な津波が町を飲み込む寸前、みな安全な高台に避難することができたのだった。

この出来事はＴＶや新聞などで大々的に報道され、「釜石の奇跡」と呼ばれた。しかし奇跡でも何でもない、日頃から防災訓練の一環として教えられていた「津波てんでんこ」を実践した賜物《たまもの》だった。「津波てんでんこ」という言葉は今や全国に通用する防災標語になっている。

【夫源病】　ふげんびょう

［意味］　夫から受ける不満や不平がストレスとなってたまり、妻の心身に不調が生じる症状。

［出処］　医師の石蔵文信《いしくらふみのぶ》が考案した造語。正式な医学用語ではない。平成二十三年（二〇一一）十一月に出版された『夫源病―こんなアタシに誰がした』（大阪大学出版会）をはじ

め、『奥さん、それは夫源病ですね。』（静山社）、『妻の病気の9割は夫がつくる』（マキノ出版）など石蔵の夫源病に関する一連の著書から知られるようになった言葉である。また、タレントの上沼恵美子《かみぬまえみこ》が夫源病になったことが原因で夫と別居したことがマスコミで報道されたこともあり、この言葉が認知されるようになった。

上沼の夫はタテのものをヨコにもしない性格らしく、ふだんから家のことは彼女に任せっきりで、彼女が仕事で忙しくてもいつも頼りっぱなし。定年退職後はそれがだんだんひどくなり、彼女はどんどんストレスがたまっていった。そのうちめまいや頭痛がするようになり、悩んだ末に医師のカウンセリングを受けると「夫源病」と診断されたのだった。

忍耐強く、不満をためこんでしまう妻ほど夫源病にかかりやすいとされる。主な症状は頭痛、めまい、動悸、吐き気、不眠などで中高年の女性によくみられる更年期障害に似ているという。

【メルトダウン】

＊第四版

［**意味**］英語表記は melt down。「炉心溶融《ろしんようゆう》」と訳される。原子力発電に使用される燃料棒が自身の発する熱で溶け落ちる現象。原発事故で最も深刻な事態の一つとされる。

［出処］　昭和五十四年（一九七九）三月二十八日、アメリカ・ペンシルベニア州スリーマイル島で原発事故が発生。給水ポンプの故障と人為的ミスが重なり、メルトダウンし、放射性物質をふくむ汚染水が施設内に漏出した。

この原発事故によって「メルトダウン」という言葉が世界に知られたが、日本で周知されるようになったのは、まだ記憶に新しい東日本大震災の際に発生した東京電力福島第一原子力発電所の事故である。福島原発事故ではどのようにしてメルトダウンしたのか。原発の構造から簡単に説明する。

熱エネルギーを取り出す装置の原子炉に臨界点に達するウランやプルトニウムなどを燃料棒に使用し、燃料棒の温度上昇を制御しながら燃料棒の発する熱を使って蒸気タービンを回して発電するのが原発である。

燃料棒が臨界点に達してしまうと核分裂の速度が上がり、燃料棒の温度はどんどん上昇する。温度上昇を制御するためには炉心を冷却して温度を下げなければならない。福島第一原発は冷却水に海水と純水（不純物をふくまない淡水）を利用していたが、地震で冷却ポンプを動かす電源が破壊され、燃料棒の温度が上昇してメルトダウンを起こしたのである。

スリーマイル島原発事故のメルトダウンでアメリカ中に広まった「チャイナシンドローム」という言葉がある。溶け落ちた高熱の燃料棒が手立てのないまま地面を溶かしながら地中深く侵入していき、そのままアメリカの裏側の中国にまで達してしまい大惨事を招くという意味である。アメリカ人好みのブラックジョークなのだが、メルトダウンによる被害の重大性を表している。ちなみに一九七九年（昭和五十四）には、この言葉をそのままタイトルにした映画が、ジェーン・フォンダ主演で作られている。

【爆弾低気圧】

ばくだんていきあつ

［意味］　短時間で急速に発達し、熱帯低気圧並みの風雨をもたらす温帯低気圧。英語の呼称（bomb cyclon）を直訳した言葉。

［出処］　昭和五十三年（一九七八）にイギリスの豪華客船クイーン・エリザベス2世号が大西洋を横断中、強烈な勢いで発達した低気圧によって暴風雨に見舞われた。その異常気象から使われるようになった言葉といわれる。

日本でも一九九〇年代から使われていたが、広く一般に使われ始めたのは平成二十四年（二〇一二）頃からと思われる。その年の四月三日の毎日新聞夕刊に次の記事がある。

――日本海を北東に進んでいる低気圧は3日午前、西日本に暴風雨をもたらしながら急速に発達した。日本気象協会によると、非常に早く勢力を増す「爆弾低気圧」で、台風に当てはめると「超大型」に匹敵する――

爆弾低気圧という言葉はメディアで広く用いられるが、気象庁では使わない。「爆弾」という表現は国民に不安や不快をあたえるという理由から、気象庁では「急速に発達する低気圧」と表現し、これを気象用語として使っている。

【ブラック企業】

ブラックきぎょう

［意味］ 違法または悪質な労働条件で働かせる会社を指す。「ブラック会社」ともいう。長時間労働やサービス残業を強《し》いる〈使い捨て型〉、大量採用後に必要な人材以外をクビにする〈選別型〉、業務とは関係ないハラスメントが横行し、自主退職に追い込む〈無秩序型〉などがある。

［出処］ 「ブラック企業」という言葉が社会的に知られるようになったのは、平成二十四年（二〇一二）十一月に出版された今野《こんの》晴貴《はるき》の『ブラック企業―日本を食いつぶす妖怪』（文藝春秋）という書籍から、というのが一般的な認識である。

違法な労働環境で若者を働かせ、人格が崩壊するまで使いつぶす悪徳企業の実態に迫ったリポートで反響を呼んだ。

同じ意味の「ブラック会社」という言葉があるが、この言葉は「ブラック企業」よりも先に生まれた。最初に登場したのは、平成二十年（二〇〇八）六月に新潮社から出版された黒井勇人《くろいゆうと》の『ブラック会社に勤めてるんだが、もう俺は限界かもしれない』という、ちょっと長たらしいタイトルの中である。

インターネット掲示板の「2ちゃんねる」に書き込まれた実体験をもとにした小説で、ニート（P133参照）の青年が社会に飛び出して、いきなりブラック会社と呼ぶべき問題企業で孤軍奮闘する姿を面白おかしく描いている。翌平成二十一年（二〇〇九）十一月に佐藤祐市《さとうゆういち》監督、小池徹平《こいけてっぺい》主演で映画化された。

【アベノミクス】

［意味］　平成二十四年（二〇一二）十二月に誕生した第二次安倍晋三《あべしんぞう》内閣による日本経済の強化を目的とした経済政策。姓の「安倍」と経済学・経済理論の総称「エコノミクス（economics）」をかけ合わせた造語。

［出処］　第四十代アメリカ合衆国大統領ロナルド・レーガンの経済政策で知られる「レーガノミクス（Reaganomics）」を模した言葉とされる。

平成二十五年（二〇一三）の新語・流行語大賞のトップテンに入賞した言葉だが、前年の十一月の衆議院解散後あたりから朝日新聞が使い始め、その後各メディアで多用されるようになった。ただし、アベノミクスという言葉そのものは平成十八年（二〇〇六）には第一次安倍内閣時代の自由民主党幹事長だった中川秀直《なかがわひでなお》によってすでに使われていたようである。

アベノミクスは長期のデフレから脱却して名目経済成長率三パーセントを目指すとして

「三本の矢」と呼ばれる経済政策を掲げていた。金融緩和政策、財政支出政策、成長戦略政策の三つである。

金融緩和政策では日本銀行が各金融機関のもつ国債などの資産を買い取り、企業や個人が金融機関から融資を受けやすくすることで、設備投資や消費を促す環境をつくって景気の上昇を図る。

財政支出政策では投資や消費を盛んにするために、金融緩和政策と並行して政府が積極的に公共投資をし、事業の拡大による需要の産出をねらう。

成長戦略政策では政府は企業が成長するための支援をする。その支援によって企業の雇用と従業員の収入が増えることを目的に持続的な経済成長を目指す。

このアベノミクスに産業界では期待の声もあるが、一方でばらまきによる金融緩和や財政支出は一時的な急場しのぎに過ぎず、国の借金が増えることで財政規律が破綻《はたん》することを懸念する専門家もいる。

【クールジャパン】

［意味］ 和製英語で、表記はCool Japan。海外でクール（カッコいい）ととらえられて人

気の高い日本の文化や商品などの総称。アニメや漫画、ゲーム、映画、音楽、美術、食文化、観光など、その範囲は多岐にわたる。また、これらのものが海外で高く評価されている現象を指す。

［出処］　九〇年代後半にイギリスで提唱された、創造的かつ独創的な文化産業を推進する「Cool Britania（クールブリタニア）」と名づけられた政策を模している。

平成十二年（二〇〇〇）頃から日本のアニメや漫画などポップカルチャーのクオリティの高さは世界に認識されるようになっていたが、「クールジャパン機構」（正式名称：株式会社海外需要開拓支援機構）が設立されたことで「クールジャパン」という言葉がアニメ業界などで広く知られるようになった。

クールジャパン機構は平成二十五年（二〇一三）十一月に設立された日本の文化産業の海外展開を支援する官民ファンド。

アニメや漫画、ゲームなど日本独特の文化産業の多くは企業体力の乏しい中小企業や製造業者に支えられている。こうした企業や製造会社が海外市場に進出するには資金面などでハードルが高くリスクもともなう。

クールジャパン機構は企業や業者の資金などを負担し、海外進出をバックアップすることで日本独特の優れた〝ジャパンブランド〟を海外にアピール、世界市場の開拓を目指している。

【さとり世代】 さとりせだい

［意味］　バブル崩壊直後に生まれた世代。何事にも淡白な傾向にある。

［出処］　平成二十二年（二〇一〇）頃からインターネットで自然発生的に登場した言葉といわれる。

バブル崩壊後の平成二年（一九九〇）前後に生まれ、平成十四年（二〇〇二）から平成二十二年までのいわゆる「ゆとり教育」を受けた世代を指す。

あたかも悟《さと》りを開いたかのように物欲にこだわらない、あっさりとした性格をもつことから名づけられた言葉で、平成二十五年（二〇一三）の新語・流行語大賞にノミネートされたことから社会に認知されるようになった。

さとり世代の主な特徴として「恋愛にあまり興味がない」「車やブランド品に関心が薄い」「出世欲がなく、ほどほどで満足する」などがあげられる。

休日は自宅でのんびりと過ごすことを好み、節約家で無駄な金は使わないが、好きなことへの出費はいとわない。友だちも慎重に選んで気の合った人間としか付き合わない傾向にある。

この世代は物心ついたときにはバブルが崩壊し、不景気のなかで育った。そのため大きな夢や高望みは捨て、また、人と衝突するのを避け、すべてにおいてほどほどの穏やかな人生を志向する傾向にあるという。

さとり世代の有名人に、佐藤健《さとうたける》（俳優）、黒木華《くろきはる》（女優）、前田敦子《まえだあつこ》（タレント）、西野《にしの》カナ（歌手）、田中将大《たなかまさひろ》（野球）などがいる。

【ダークツーリズム】

［意味］　英語表記はdark tourism。戦争や災害の跡地など人類の死や悲しみにまつわる不幸な歴史の残る場所を探訪する旅行。
［出処］　「ダークツーリズム」は平成八年（一九九六）にグラスゴーカレドニアン大学のジョン・レノン教授とマルコム・フォーリー教授が「人類の悲しみの場をめぐる旅」として提唱したことから知られるようになった。
日本では作家・批評家の東浩紀《あずまひろき》やジャーナリストの津田大介《つだだいすけ》らが原発事故が起きたウクライナのチェルノブイリを訪問、事故後の状況をリポートした『チェルノブイリ・ダークツ

ーリズム・ガイド』（ゲンロン）を平成二十五年（二〇一三）七月に出版したことで一般に知られるようになった。

ダークツーリズムの主な目的は現地を訪れ、戦争や災害の悲惨さを追体験し、その悲惨さを現地の人々と共有することで人々に癒《いや》しをあたえること。同時に悲しみの記憶がツーリストを通じて外部に伝わり、時代を超えて後世に受け継がれていくことを目的としている。

しかし、現地周辺にはホテルや飲食店、土産物屋《みやげもの》などが建ち並んで俗っぽい観光地になることもあるため、被災者や遺族の苦しみや悲しみをビジネスに利用しているとの批判もある。

代表的な探訪地として先述のチェルノブイリ原子力発電所のほか、ポーランドのアウシュヴィッツ強制収容所、カンボジアのトゥール・スレン虐殺《ぎゃくさつ》博物館、日本では広島の原爆ドーム、沖縄のひめゆりの塔などが有名である。

【ヘイトスピーチ】

＊第七版

［意味］英語表記は hate speech。憎悪（hate）にもとづく差別的な発言。主に人種、宗教、性別、職業、障害などを理由に、特定の者に対して誹謗《ひぼう》・中傷し、暴力や差別を煽《あお》るよう

な言説を指す。

［出処］ ヘイトスピーチは一九二〇年代のアメリカの、「人種憎悪」と訳される「race hate（レイスヘイト）」と呼ばれる言葉に由来、八〇年代以降から現在の呼称になったといわれる。

日本では平成二年（一九九〇）頃からインターネットの世界で使われ始め、平成十四年（二〇〇二）のサッカー日韓ワールドカップを境に目立つようになったという。

社会問題化したのは平成二十五年（二〇一三）頃から。「在日特権を許さない市民の会」（在特会）などの市民団体が、東京の新大久保や大阪の鶴橋など韓国・朝鮮人が多く住む地域で「朝鮮人は日本のゴキブリ！」「地球から出て行け！」などと書かれたプラカードを掲げてデモを繰り広げるようになった。それに対して反ヘイトスピーチ団体が結成され、こちらも「お前らこそゴキブリ！」「差別主義者は死ね！」とヘイトスピーチ的罵声《ばせい》を連呼してやり返す。

どっちもどっちの悪循環的行為なのだが、事態を憂慮した政府は罰則を設けるなど法的規制を考えた。しかし言論の自由を圧迫する可能性があるとして現在のところ慎重な態度をとっており、平成二十八年（二〇一六）に施行されたヘイトスピーチ対策法にも罰則規定はない。

ヘイトスピーチを規制する動きがヨーロッパを中心に世界中に広がっている今日、先進国のなかで日本はアメリカとともに法的規制がない数少ない国となっている。

PART 6

平成二十六年〜平成三十年

「エボラ出血熱」から「民泊」まで

【エボラ出血熱】

エボラしゅっけつねつ　**＊第五版**

〔**意味**〕　サルやコウモリなどの動物を媒介としたエボラウィルスに感染することで発症する感染症。

〔**出処**〕　エボラ出血熱は、一九七六年(昭和五十一)にはじめて発生が確認され、その後たびたび報告されてきた。二〇一三年(平成二十五)九月頃からギニアをはじめとする西アフリカの一部で流行し始めたエボラ出血熱は、翌年六月頃より感染が西アフリカ全土に拡大、八月には、ＷＨＯ(世界保健機構)が緊急事態を宣言したことから、その病名が全世界に知れ渡った。日本でも大々的に報道され、そのまがまがしい病名から恐怖を感じた人も多かったに違いない。

エボラ出血熱の流行は森林地帯に多く見られ、この地域の住民はサルやコウモリなどの野生動物を食べる習慣があるため、それがリスクを高める原因と推測された。また、葬儀で死者にふれる風習があり、接触感染が流行を早めたともいわれた。

エボラウィルスに感染すると二日から三週間の潜伏期間を経て突然に発熱するほか、頭痛、筋肉痛、下痢、嘔吐《おうと》などの病状を併発する。さらに病状が進行すると皮膚、口、目鼻などから出血し、五十~九十パーセントの確率で死に至る。

二〇一六年（平成二十八）一月、WHOは流行終息の目安としている四十二日間で新たな感染者が確認されなかったため、エボラ出血熱の終息を宣言した。

【仮想通貨】 かそうつうか *第七版

［意味］紙幣や貨幣といった実体をもたず、インターネット上のみでやり取りされる通貨。

［出処］「仮想通貨」は二〇〇八年（平成二十）にSatoshi Nakamoto（ナカモトサトシ）と名乗る正体不明の人物によってインターネットに投稿された論文が始まりである。この論文をもとにソフトウェアが開発され、そして誕生したのが最初の仮想通貨であるビットコイン（Bitcoin）で、同時期に「仮想通貨」という表現ができたという。

二〇一三年（平成二十五）頃になるとビットコインの理論を応用した新たな仮想通貨が次々と生まれ、今日ではアルトコインと呼ばれるものなど、その数は一千種類以上にのぼるという。

仮想通貨は公的金融機関を経由せずにやり取りされるため、海外への送金などが短時間で済み、手数料も安くなるメリットがある。また、国や金融機関の方策の影響を受けにくいので金融危機になった際、資金の避難所として利用できる。

一方、法律の目が行き届かないため、脱税やマネーロンダリング（資金洗浄）に悪用されやすく、テロ集団などの資金づくりの温床となるリスクがある。

平成二十六年（二〇一四）二月、大手取引所のマウントゴックス社が経営破綻した。利用者から預かっていたビットコインが何者かの手によって口座から引き出され、債務超過に陥ったためである。被害額は約百十四億円にのぼった。

この出来事が新聞やＴＶで大きく取り上げられたことからビットコインの名とともに「仮想通貨」という言葉が日本中に広く知れわたった。

マウントゴックス社の経営破綻を機に仮想通貨を取り締まる法律が改正され、平成二十九年（二〇一七）四月から仮想通貨の取り扱いが大きく変わった。

仮想通貨は一般的な貨幣と同等の財産的価値を有するものとされ、政府により「通貨」として認められるようになった。そのため仮想通貨の取引所は金融庁への登録が必要となり、取引所に口座を開くときは本人確認が義務づけられるなど、その取り扱いは金融庁の管轄下に入ることになった。

【危険ドラッグ】

きけんドラッグ

＊第七版

［意味］　麻薬、大麻、覚醒剤などの違法薬物とよく似た作用をもち、人体に害悪をもたらす危険な薬物。

［出処］　以前は「合法ドラッグ」「違法ドラッグ」「脱法ドラッグ」とそれぞれ名前を変えて呼ばれていたが、平成二十六年（二〇一四）から「危険ドラッグ」という呼称に統一された。

平成二十四年（二〇一二）頃から薬物使用者による交通事故や死亡者件数が増え始め、平成二十六年六月には東京池袋で「アロマ」とおぼしき脱法ドラッグを吸引した男が車で暴走。死者一人、重軽傷者六人を出すという事故が発生し、翌七月に厚生労働省と警察庁はそれまで脱法ドラッグと呼ばれていたのを危険ドラッグに改めたのである。「脱法」という呼び名では危険性がしっかりと伝わらず、乱用を防止できないというのがその理由。重大な健康被害をもたらす危険ドラッグだが、麻薬や覚醒剤を取り締まるための法律では規制されない。人体に危害をあたえる「指定薬物」として販売を規制することもできるが、指定するそばから形を変えた新たなドラッグが現れていたちごっこになっているのが実情である。

主な危険ドラッグに「ラッシュ」「スパイス」「マジックマッシュルーム」などがあり、ハーブ、お香、観賞用植物といった名目で売られていることが多い。

【マタハラ】

＊第七版　「マタニティーハラスメント」で表記

［意味］　和製英語の「マタニティーハラスメント（maternity harassment）」の略。働く女性が妊娠・出産を理由に減給や解雇されるなど不当な扱いを受けること。

［出処］　平成二十七年（二〇一五）に、いわゆる「マタハラ訴訟」と呼ばれる裁判の、広島高裁による差し戻し控訴審が大きな注目を集めたことから、この言葉が社会に広く認知されたといわれる。

広島市内の病院に勤務する理学療法士の女性が妊娠を理由に降格された。この降格が男女雇用機会均等法に反するかどうかが争われ、一審・二審ともに女性の敗訴判決だった。しかし最高裁は女性側の敗訴判決を破棄し、二審の広島高裁に審理を差し戻した。その差し戻し裁判の判決が広島高裁で出たのである。

裁判長は「妊娠を理由とした降格は違法」と降格を適法とした一審判決を変更。精神的苦痛による慰謝料をふくむ約百七十五万円の賠償を病院側に命じて、女性が逆転勝訴した。

この事例に限らず、妊娠がわかった際に上司から、「うちの会社は階段が多いから妊婦さんには危険だよ」と退職を勧められたり、雇用時に、「妊娠がわかった場合は契約を解除します」と会社から説明を受けたりするなどマタハラと疑われるケースは非常に多く、マタハラ被害の実態はセクハラ（P８参照）よりも深刻という。
平成二十五年（二〇一三）五月に連合（日本労働者総連合会）が在職中の二十代から四十代の女性六百二十六人を対象にマタハラ被害について行った調査がある。その調査によるとセクハラ被害を受けた女性が二十六人に対して、マタハラ被害を受けた女性はセクハラ被害の女性を上回る六十二人という結果が出た。

【レガシー】

［**意味**］　英語表記はlegacy。遺産、財産、遺物を意味する言葉。

［**出処**］　ラテン語で「ローマ教皇の特使」という意味をもつ「legatus」が語源ともされる。ローマ時代にキリスト教の布教にあたった使者が布教と同時にローマの進んだ文化を各地にもたらしたことから、「受け継いだもの」「遺産」という意味に転化したという。
レガシーという言葉が使われ出したのは新聞などのメディアで散見するようてなった平成

二十六年（二〇一四）頃からと推察される。二〇二〇年の東京五輪開催が決まった翌年で、ＩＯＣ（国際オリンピック委員会）が「オリンピック・レガシー（競技大会が終わったあとの有形無形の遺産）」という言葉を盛んに用いていた時期である。この意味での使用の初出と思われる平成二十六年七月八日の読売新聞朝刊記事がある。武藤敏郎《むとうとしろう》東京五輪組織委員会事務総長が語っているインタビューである。

——オリンピック・パラリンピックを成功させることが、日本を創り変えることにつながる。大会を成功させるのは当然のことであって、日本の社会・経済にその後、どんなレガシー（遺産）を残していけるかというところまで考えなくてはならない——

目まぐるしく移り変わる時代だからこそ、「残された過去のもの」を「古くて新しい価値あるもの」として受け継ぐことが注目されるのかもしれない。ちなみに「レガシー・システム」という言葉もある。こちらは「旧式の仕組み」「古くさい制度」といった意味で〝負の遺産〟のニュアンスがある。

【レジェンド】 ＊第七版

［意味］ 英語表記はlegend。「伝説」「神話」「言い伝え」の意。転じて業績が伝説として

語り継がれるような偉大な人物のこと。

［出処］ スキージャンプの選手として知られる葛西紀明《かさいのりあき》の代名詞になっている言葉である。平成四年（一九九二）のアルベールビル大会に十九歳で初出場して以来、平成三十年（二〇一八）の平昌《ピョンチャン》大会まで史上最多計八回の冬季オリンピックに出場。二十年以上も世界の第一線で活躍する葛西は国外で「レジェンド（伝説の人）」と称えられていた。

一方、初出場のアルベールビル大会から六度目のバンクーバー大会まで、団体戦でのメダル獲得はあったが、個人戦ではメダルは獲得できず、悲運のエースとも呼ばれていた。だが四十一歳で迎えた平成二十六年（二〇一四）二月、自身七度目の出場となるソチ大会で見事銀メダルを獲得。国内でもレジェンドが葛西の称号として知られるようになった。

平成二十六年一月発行の『三省堂国語辞典（第七版）』のレジェンドの項目では、「伝説（の人）〈用例〉その選手はチームのレジェンドになった」と、あたかも葛西のことを指し、その快挙を予見するかのような記載がされている。

【一億総活躍社会】いちおくそうかつやくしゃかい

［意味］若者も高齢者も、女性も男性も、障害や難病のある人も、一人ひとりが尊重され、全ての人が活躍できる社会。

［出処］平成二十七年（二〇一五）十月に発足した第三次安倍《あべ》改造内閣が打ち出した政策プラン。

安倍は記者会見でアベノミクス（P207参照）の第二ステージとして「一億総活躍社会」を目指すと宣言した。「一億総火の玉」とか「一億総玉砕《ぎょくさい》」といった戦時中の国威発揚のスローガンを連想させる、何ともきな臭《くさ》いネーミングであり、アベノミクスの手詰まり状態に対する批判をそらすのが狙いという冷ややかな意見も多かった。少子高齢化に歯止めをかけ、五十年後も人口一億人を維持し、家庭・職場・地域で誰もが活躍できる社会を目指すという。具体的には経済成長、子育て支援、安定した社会保障の実現である。経済成長では「希望を生み出す強い経済」をモットーに二〇二〇年頃に名目GDP六百兆円を達成する。子育て支援では「夢をつむぐ子育て支援」モットーに希望出生率を現在の一・四から一・八前後まで回復する。社会保障では「安心につながる社会保障」をモットーに二〇二〇年には介護離職者ゼロを実現する——以上を目標とし、これらをアベノミクスの〝新三本の矢〟としたのである。

【下流老人】かりゅうろうじん

［意味］ 低所得の生活を強《し》いられ、貧困にあえぐ高齢者のこと。

［出処］ ＮＰＯ法人ほっとプラス代表理事で社会福祉士の藤田《ふじた》孝典《たかのり》がつくった造語。平成二十七年（二〇一五）六月に出版された藤田の著書『下流老人』（朝日新聞出版）に由来する。

貧困に苦しむ高齢者の実情とその背後にひそむ社会的問題に迫った本だが、藤田は下流老人を、「生活保護基準相当で暮らす高齢者およびその恐れがある高齢者」と定義している。そして下流老人かどうか判断するバロメーターとして「収入が著しく少ない」「十分な貯蓄がない」「頼れる人間がいない」の三つをあげている。これら三つすべてに該当すると、自分ひとりの力では人並みの生活を営むことが困難な状態にあるということである。

また、労働賃金の低下や年金受給額の減少、非正規雇用と非婚の増加などによって現在の若者も将来、下流老人に陥る危険性が高いと指摘している。平成二十七年時点で、下流老人は日本全国で六百万〜七百万人いると推定されている。

【自撮り】じどり　＊第七版

［意味］　デジタルカメラやカメラ機能付きスマートフォンなどで、自分自身の写真や動画を撮影すること。

［出処］　二〇一〇年（平成二十二）頃、韓国の若い女性を中心に流行し始めた撮影方法。日本には、平成二十七年（二〇一五）頃に定着したといわれる。「自撮り」という言葉が定着するまでには、「自分撮り」「自画撮り」「セルフィー（selfie）」などという呼び方もあった。また、自撮りの際、スマートフォンなどに取り付けて使う伸縮式の金属棒を「自撮り棒」というが、この呼び方も最初はまちまちだった。「セルフィースティック」「セルフ棒」「自分撮りスティック」などと呼ばれたが、こちらも「自撮り」という呼び方が定着すると「自撮り棒」に落ちついた。

スマートフォンのカメラは気軽に撮影でき、画面が大きいので撮影するときに見やすい。

自分の姿を液晶画面で確認しながら、好きな表情やポーズをスムースに撮影でき、満足な仕上がりを得やすいので、老若男女を問わず楽しんでいる。

しかしその手軽さゆえの危険もはらんでいる。インスタグラムなどで「ウケる」自撮り画像を配信しようと、危険なポーズを演出して高層ビルから転落したり、海で溺れたりするなどして死傷者が出る事故が発生しているのだ。「インスタ映え」（Ｐ２３６参照）狙いもほどほどに。

【ちょい飲み】

ちょいのみ

［意味］ 外食店で短時間軽いつまみを食べながら酒を楽しむこと。

［出処］ 「ちょい」とは「ちょっと」「少し」という意味。「飲み」は「酒を飲む」ことだから「ちょい飲み」は「ちょっと酒を飲む」こととなる。

平成二十七年（二〇一五）に牛丼チェーンの吉野家が「吉呑《よしの》み」という名称で始めたのが元祖といわれ、そのあとを追って松屋、天丼てんや、長崎ちゃんぽんリンガーハットなどの大手チェーンが立て続けに参入した。

「ちょい飲み」は店と客、いずれにとってもメリットが多い。店にとって、客数が減る夜間の集客や原価率の低い酒類の提供は利益増につながるし、「ちょい飲み」ということで稼働率もアップする。

一方、客にとってもさまざまな魅力がある。チェーン店ゆえ、一人で気軽に入ることができるし、料理も当たり外れが少ない。なにより懐《ふところ》にやさしいのがうれしい。このように、「ちょい飲み」は企業側と客側のニーズがうまく合致したニュービジネスになっているのである。

【刀剣女子】

とうけんじょし

［**意味**］　刀剣鑑賞を目的に日本各地に足を運んだり、刀剣に関する知識を身につけようとしたりする日本刀好きな女性のこと。

［**出処**］　ゲーム制作会社のＤＭＭ ＧＡＭＥＳとｎｉｔｒｏ＋（ニトロプラス）が提供しているシミュレーションゲーム『刀剣乱舞《とうけんらんぶ》』の人気が刀剣女子の誕生のきっかけとされる。実在する日本の名刀を擬人化した〝刀剣男子〟を集めて育成・強化して部隊を構成し、敵を倒すというゲームである。

若い女性をターゲットにしたゲームなので刀剣男子はイケメンキャラクターで、またアニメやＣＭなどで活躍する人気声優が起用されている。

平成二十七年（二〇一五）一月に提供が開始されると一か月でユーザー数は五十万人を超え、五月には百万人を突破する人気ゲームとなった。このゲームのヒットからゲームやイケメンキャラクターだけでなく名刀そのものにも興味が広がっていった。

また、日本一美しいと讃えられる名刀の数奇な運命を描いた道満三郎《どうまんさぶろう》の『美剣三日月《みかづき》宗《むね》近《ちか》』（双葉社）など日本刀に関する書籍も出版されるなど、ブームは広がりを続け、「刀剣女子」という言葉が定着した。

【爆買い】 ばくがい

［意味］通常では考えられないほどの量を一度にまとめ買いすること。

［出処］来日した中国人観光客が日本製品を大量に買い込むさまから日本のメディアがつくった造語。

平成二十七年（二〇一五）二月の春節《しゅんせつ》（中国の旧正月）に来日した中国人観光客が高級ブランド品から日用品まで、さまざまな商品を大量に買い込んでいる様子が、「爆買い」との表現で新聞各紙で盛んに取り上げられたことで定着した言葉である。

もっとも、中国人観光客による大量のまとめ買いが目立つようになったのは平成二十一年

（二〇〇九）頃からで、ＴＶではすでに「爆買い」という言葉が使われていたようである。同年九月九日放送の『ＦＮＮスーパーニュース』（フジテレビ系）の特集「スーパー特報！旋風拡大ニッポン〝爆買い〟現場中国人団体ツアーを追え」で爆買いという言葉が登場している。

その後も各局の報道番組やワイドショーで中国人観光客の〝爆買いツアー〟が連日のように放送され、「爆買い」という言葉が日本中を駆けめぐった。

平成二十七年、春節の期間中（七日間）に来日した中国人観光客は四十五万人にのぼり、消費額は千百四十億円を記録。東京銀座のデパートで札束が飛び交う異様な光景は今も語り草になっている。「爆買い」は同年の新語・流行語大賞の年間大賞に選出された。

＊第七版 「モラルハラスメント」で解説

【モラハラ】

［**意味**］ フランス語表記はharcèlement moral。「モラルハラスメント」の略。モラルは倫理観、道徳意識の意で、精神的暴力、言葉による人格否定のこと。

［**出処**］ フランスの精神科医マリー＝フランス・イルゴイエンヌが提唱した言葉。外傷などが残るため表面化しやすい肉体的な暴力と違い、モラハラは言葉や態度による暴力のた

めなかなか表に出ず、それまでほとんど取り沙汰されてこなかった。イルゴイエンヌがこの精神的暴力を長年調査研究した結果、「モラルハラスメント」と命名して発表したことから、フランス国内で知られるようになった。精神的な暴力は肉体的な暴力と同じくらいに、場合によっては肉体的な暴力以上に人を傷つける犯罪行為であるとイルゴイエンヌは自著『モラル・ハラスメント―人を傷つけずにはいられない』で述べている。

一九九八年（平成十）にフランスで出版されたその書籍は世界中でベストセラーになり、日本でも翌年に紀伊國屋書店から翻訳出版された。また、イルゴイエンヌは平成十八年（二〇〇六）に来日し、日本各地の大学でモラハラについての講演を行っている。

モラハラが日本で関心をもたれるようになったのは平成二十七年（二〇一五）頃から。タレントの三船美佳《みふねみか》がミュージシャンで夫の高橋《たかはし》ジョージからモラハラを受けていたことをマスコミに公表したことからである。二人は芸能界きってのおしどり夫婦で知られていただけに、このモラハラ報道は世間をざわつかせた。三船はその後協議離婚したが、彼女によると、離婚する数年前から外出を制限され、ことあるごとに、「お前が生きているのは俺のおかげ」「生きる資格もない」といった暴言を浴びせられていたという。

日本はモラハラに対する法的整備が遅れていて罰則が定まっていないが、フランスなど諸外国では懲役もしくは罰金の厳しい罰が科せられる。

【神ってる】

かみってる

［意味］　神がかりのような超人的技能を発揮すること。

［出処］　平成二十八年（二〇一六）度における新語・流行語大賞の年間大賞に輝いた言葉。同年六月のプロ野球セ・パ交流戦のオリックス戦（マツダスタジアム）で広島東洋カープの鈴木《すずき》誠也《せいや》外野手が二試合連続のサヨナラ本塁打を放った。六月十七日の一試合目は4－4の延長12回に決勝ツーラン、翌十八日の二試合目には9回裏の1－3から逆転スリーランである。この鈴木の神がかった活躍に唖然《あぜん》とした緒方孝市《おがたこういち》監督が「『神ってる』よな」と発言。二十五年ぶりにリーグ優勝を果たした広島を象徴するような言葉は歓喜する広島ファンを超えて全国に伝播《でんぱ》した。新語・流行語大賞の授賞式に出席した鈴木は後日、「（そのあとの活躍も）すべて『神ってる』になったので、まぐれみたいに聞こえていやだった」と語った。「本塁打は実力のなせる技」と言いたかったに違いない。

【フェイクニュース】

［**意味**］英語表記は fake news。主にネット上で発信される、事実ではない嘘《うそ》、デタラメな内容の情報、報道のこと。「虚偽報道」と訳される。

［**出処**］平成二十八年（二〇一六）のイギリスの国民投票と同年のアメリカ大統領選挙でにわかに注目されるようになった言葉である。

イギリスで行われたＥＵ離脱の是非《ぜひ》を問う国民投票で、「イギリスがＥＵに負担する額は週約三億五千万ポンドにものぼる」というニュースがＥＵ離脱派によって広められた。その結果、投票はＥＵ離脱派がＥＵ残留派を上回ったが、実は「三億五千万」というのは嘘の数字で、実際の負担額はその半分に過ぎないフェイクニュースであることが判明。離脱賛成に投票した国民から非難の声が上がった。また、アメリカの大統領選では、「ローマ教皇がトランプ支持を表明した」「クリントン候補がテロ組織に武器を供与した」といったありもしない情報が飛び交い、有権者の投票行動に作用して騒動になった。

たとえ虚偽の報道であっても、あたかも真実であるかのように伝播《でんぱ》して社会や人間に大きな影響をあたえる。場合によっては取り返しのつかない国際問題に発展することもありうる。

そのニュースが事実かどうか見定める習慣を、受け手の側が身につけておくことが求められる。

【マイナンバー】

＊第七版「マイナンバー制度」で解説

［**意味**］正式名称は「個人番号」。国が国民一人一人に番号を割り当て、個人の年金や所得、納税などの情報を一つの番号で管理する目的のためにつくられた番号とその制度。

［**出処**］この制度は昭和四十三年（一九六八）に佐藤栄作《さとうえいさく》内閣が導入を目指した国民総背番号制の構想を発展させたもので、平成二十五年（二〇一三）五月に法案が成立。平成二十八年（二〇一六）一月からスタートした。

法案が成立する前は「共通番号制度」と呼ばれていたが、平成二十三年（二〇一一）二月から三月にかけて「共通番号」の通称を公募した。公募件数は「マイナンバー」のほか「ｉカード」「ＩＤ番号」「日本国民番号」「マイコード」など八百七件。国語学者やコピーライターなど九人の有識者による選考の結果、マイナンバーに決まった。そして法令では「個人番号」という言葉が用いられることになったため、これが正式名称になった。

【アウフヘーベン】

*第一版

［意味］ドイツ語で、表記はaufheben。日本語で「止揚《しよう》」と訳される。一つの概念ともう一つの対立する概念を高い次元で統一・融合させること。

［出処］ドイツの哲学者ヘーゲルが独自の哲学理論である「弁証法」のなかで提唱した概念。ドイツ語のアウフヘーベンには「廃棄する」「否定する」という意味と「高める」「統合する」という二つの意味があり、新しいものが現れた際、古いものを切り捨てるのではなく古いものも取り入れて、より高いレベルまで発展させていくという弁証法の展開に用いられる。

平成二十九年(二〇一七)に小池百合子《こいけゆりこ》東京都知事が豊洲市場移転問題で築地市場再整備を掲げた際に多用したことでにわかに流行語化した。

東京都のホームページ「知事の部屋」(平成二十九年六月九日)に載っている小池都知事の記者会見での発言である。

――「アウフヘーベン」というのは、一旦立ち止まって、そして、より上の次元にという、日本語で「止揚」という言葉で表現されますが、これまで安全、安心、法的、科学的、さまざまなチェックが行われてきました。（中略）「もう六〇〇〇億もつぎ込んだんだから早く移れよ」という乱暴な意見もよく聞くところでございます。さまざまな調査などを見ておりますと、「豊洲も良いけれども、安全にしてからお願いね」という方が一番多いんですよね。（中略）そういったことを全部含めて、どう判断するかという、そのための「アウフヘーベン」が必要だということを申し上げた。――

「アウフヘーベン」を小池流解釈で説いている。小池都知事の横文字好きはつとに有名だが、アウフヘーベンという聞きなれないドイツ語の登場に、場慣れしたベテラン記者連中も困惑の色を隠せなかったようである。

【インスタ映え】

インスタばえ

［意味］「インスタ」とは「インスタグラム（Instagram）」の略で、インスタグラムに投稿した写真や動画が見映えよくおしゃれに見えること。

［出処］インスタグラムはスマートフォン向けの画像共有アプリで、スマートフォンの画

像の明るさや色合いを調節し、さまざまに画像を加工して投稿、共有できる特色がある。その特色から生まれた「インスタ映え」という言葉は、平成二十九年（二〇一七）の新語・流行語大賞の年間大賞に輝いたが、フェイスブックなどのSNSユーザーの間で平成二十二年（二〇一〇）頃から自然発生的に使われ始めたといわれる。その頃、同時に「インスタジェニック（インスタグラム＋フォトジェニック）」という言葉も生まれたが、あまり普及せず、いつしか「インスタ映え」に統一されていったという。

「インスタ映え」が社会に広まるようになったのは平成二十六年（二〇一四）からである。きっかけは、同年二月に主婦の友社から発行された山崎佳《やまさきけい》『TODAY，S BREAKFAST』という朝ごはん写真&レシピ本。著者はインスタグラムで二十五万人以上のフォロワーを集める人気インスタグラム女子で、きれいに盛りつけられた彼女の朝ごはんの投稿画像はたちまち話題になり、発売前から増刷が決まるなど大きな反響を呼んだからである。

以来、インスタ映えねらいのインスタグラムのユーザーが次第に増え始め、平成二十二年頃は百万人だったのが平成二十九年には八百五十万人にのぼっている。

【睡眠負債】

すいみんふさい

［意味］　毎日のわずかな睡眠不足が借金のように蓄積された状態。

［出処］　平成十一年（一九九九）に米スタンフォード大学睡眠医学研究所のウィリアム・C・デメント教授によって名づけられた言葉である。デメント教授は睡眠科学の世界的権威として知られ、著書に『ヒトはなぜ人生の3分の1も眠るのか？』（講談社）がある。わずかな睡眠不足の積み重ねによって〝過剰債務〟の状態に陥ると生活や仕事のリズムが崩れるだけでなく、うつ病や認知症（P134参照）、ガンなどの病気を引き起こすリスクが高まる可能性があるという。

日本人のおよそ四割が一日の平均睡眠時間は六時間未満で慢性的な睡眠不足の状態にあるといわれる。睡眠不足を解消するためには不足している睡眠時間を増やすことだが、しかし、いわゆる「寝だめ」は生活リズムを崩す恐れがあり、早稲田大学研究戦略センターの枝川義邦《えだかわよしくに》はうつ状態につながる危険性があると指摘している。

睡眠負債を防ぐためには平日の睡眠時間を現状より数十分ほど増やし、休日も寝だめせず睡眠時間を維持することが有効とされている。また、十五分程度の昼寝や朝の日光を浴びることも効果があるという。

「睡眠負債」という言葉が社会に広く知られるようになったのは平成二十九年（二〇一七）六月十八日に放送されたＮＨＫスペシャル『睡眠負債が危ない　〝ちょっと寝不足〟が命を縮める』の影響が大きい。番組では睡眠不足から生じるさまざまなリスク、睡眠研究の最前線、睡眠負債の対処法などが紹介されている。

【プレミアムフライデー】

［**意味**］「月の最終金曜日はふだんよりも豊か（プレミアム）に過ごそう」という個人消費促進キャンペーン。

［**出処**］政府（経済産業省）と経済界が主導し、消費の底上げと「働き方改革」につなげるねらいで平成二十九年（二〇一七）の二月より実施された。多くの企業で給与支給日の直後になり、毎月最終金曜日は午後三時に退社して夕方をショッピングや外食などで楽しむことを推奨。プレミアムフライデーを実践することで生活の豊かさや幸せを実感できると謳《うた》っている。

運営組織のプレミアムフライデー推進協議会によると国民の九割がプレミアムフライデーを認知しており、早期退社を実施している企業も着実に増加しているという。しかし問題点もある。

職場環境は企業によってそれぞれ異なり、月末が忙しい時期である企業はプレミアムフライデーの恩恵をなかなか受けられない。そのため、そうした企業の社員の〝やる気度〟を低下させる恐れがある。また、小売業や飲食業といった企業は夕方からがかき入れどきであるため、社員が十五時に退社することは困難である。

このように業種によって偏りがあるため、推進協議会は個人単位で勤務時間を設定できるフレックスタイム制の導入を勧めるなどしてプレミアムフライデーの課題解消に努めている。

【eスポーツ】

イースポーツ

[意味]「エレクトロニックスポーツ(electronic sports)」の略で、コンピュータゲーム上でスポーツのように行われる競技のこと。

[出処] 近年、コンピュータゲームは「遊ぶ」から「競う」「見る」へシフトしつつあり、その代表にあげられるのが「eスポーツ」と呼ばれる対戦競技である。

平成三十年(二〇一八)八月にインドネシアのジャカルタで行われたアジア大会にデモンストレーション競技として採用され、『ウイニングイレブン2018』で日本人チームが金メダルを獲得。この大会の様子がTVで放送され、eスポーツへの社会的関心が一気に高まった。

格闘技や射撃などの対戦型ゲームで競い、コントローラーを素早く操作するため反射神経や集中力が必要とされ、スポーツ同様に位置づけられる。海外では九〇年代後半からインターネットで対戦するパソコンゲームの普及とともに人気が拡大、競技人口も急増するなどの過程を経て、そのスポーツ性が認められるようになった。

日本では平成三十年（二〇一八）二月、一般社団法人「eスポーツ連合」が設立され、プロライセンス制度の創設などで認知度向上を図っている。その一方でゲーム依存性を一種の病気と認定しているWHO（世界保健機関）は、eスポーツの普及でゲーム依存性が増えると危惧しており、eスポーツがさらなる市民権を得るまでには議論すべき課題も多い。

【GAFA】

ガーファ

［**意味**］ 世界的に個人データを圧倒的な規模で収集しているアメリカを代表するIT企業四社の総称。検索エンジンやクラウドサービスを提供するGoogle（グーグル）、モバイル端末やソフトウェアを提供するApple（アップル）、社名と同名のSNS（ソーシャル・ネットワーキング・サービス）を提供するFacebook（フェイスブック）、世界最大のネット通販を運営するAmazon（アマゾン）の四社の頭文字をつないだ造語。
［**出処**］ 平成三十年（二〇一八）七月に出版され、たちまち十万部を超えるベストセラーになったスコット・ギャロウェイ著『the four GAFA―四騎士が創り変えた世界』（東洋経済新報社）で一躍有名になった言葉である。

著者はニューヨーク大学スターン大学院でブランド戦略やデジタルマーケティング論を教える教授で、オンライン通販を経験した起業家でもある。その経験から本書ではGAFAの四つの企業をヨハネの黙示録の「四騎士」になぞらえ、その四騎士が人間の本能をいかに利用して力を得たのか、その〝神話〟に迫る。そして現代のデジタル社会を生きぬくうえでこの四つの企業を理解することが不可欠であると説く。

出版社による以下のコピーがある。

Google――彼はあらゆる質問に答えてくれる。そして私たちの「心の奥底の秘密」を暴く。私たちの思考は彼に既定され、やがて支配される。

Apple――私たちは「美」に惹かれ、彼に近づく。しかしそれは「イケている自分」の演出にすぎない。そして彼の献金箱は巨万の富で満たされる。

Facebook――彼は「認められたい」という私たちの渇望を利用し、人間関係のすべてを晒させる。彼はそれを記録し続け、私たちは丸裸にされる。

Amazon――「楽をしたい」という私たちの本能を、彼は存分に満たしてくれる。気付けばもう、私たちは彼なしでは生きられない。

四企業の特質をみごとに突いている。

インターネット時代の今日において、GAFAは個人データを一括管理して活用する独占的事業者として、それぞれの分野で市場を席巻している。しかし、その一方で市場でのフェアな競争を阻害しているとの批判の声も上がっている。

【ご飯論法】

ごはんろんぽう

［意味］ 議論において、論点をすり替えたり、はぐらかしたりする話法。

［出処］ 安倍晋三《あべしんぞう》首相をはじめとする政府の閣僚が頻繁《ひんぱん》に繰り返す「ごまかし」「言い逃れ」の一種で、法政大学の上西充子《うえにしみつこ》教授が広めた言葉である。

「朝、ご飯食べましたか」という質問に、「（朝、パンは食べたけど、米のご飯は）食べてない」と答えるようなやり方である。パンは食べたけど米のご飯は食べてないから嘘《うそ》をついたわけではないと言い逃れができる。質問に答えているように見せかけて実は答えていない。しかも、話が食い違っていることに質問者はすぐには気づかない言い方でもある。

上西が典型的なご飯論法としてあげているのが、平成三十年（二〇一八）五月十八日の衆議院予算委員会における加計《かけ》学園問題についての安倍首相と立憲民主党長妻昭《ながつまあきら》政調会長のやり取り。同年五月二十九日の東京新聞朝刊は次のように報じている。

――獣医学部新設を目指す（利害関係者の）加計理事長が首相や秘書官と食事をしたり、

食事代を支払うことなどは問題ではないかとただすと首相は余裕めかして、「別に食事を私がご馳走してもらいたいから戦略特区で特別にやる、焼肉をご馳走してもらいたいからそんなことするって考えられないですよ」と反論した——

長妻は、利害関係者と食事をしたこと、食事代を払ってもらうことは問題ではないのかと質問したのだが、安倍はそれにまったく答えていないのである。

この論点のすり替えを上西は、「国会や国民を愚弄《ぐろう》している」とバッサリ。答弁の裏に意図的な「ご飯論法」がひそんでいることが広く国民に認知されることになった。

【民泊】みんぱく

［意味］ホテルや旅館などの宿泊施設の代わりに一般の民家に旅行者を有料で宿泊させること。

［出処］インターネットで世界の旅行者に宿泊情報を提供する平成二十年（二〇〇八）に創業されたアメリカの企業「Airbnb（エアビーアンドビー）」によって広まったサービス。貸したい空き部屋を登録しておくと旅行者が検索して申し込む仕組みで、日本では平成二十五年（二〇一三）頃から行われ、近年の訪日外国人旅行者の急増でホテルや旅館の

供給が追いつかなくなったため、旅行者の受け皿として注目されるようになった。民泊を営業するには旅館業法による許可が必要だが、しかし許可を得ない「ヤミ民泊」が後を絶たず、近隣住民との間で騒音やゴミ問題が起きた。

そこで宿泊ニーズに応えつつ適正な民泊サービスを普及させるために、平成三十年（二〇一八）六月に「住宅宿泊事業法」（民泊新法）が施行された。

新法では、家主らは原則として火災報知機など消防設備を取り付け、宿泊者名簿を作成すること、近隣住民への配慮から年間の宿泊日数は百八十日が上限、ヤミ民泊を行った場合は六か月以下の懲役もしくは百万円以下の罰金、などが定められている。

消防設備の設置に費用がかかるほか、届け出手続きが煩雑なこともあり、新法の施行前は全国に約六万件あった宿泊物件のうち新法施行後に届け出があったのは約三千七百件。新法の効果は思わしくなかった。だが、最近は外資系企業や通販会社、コンビニなどが民泊の斡旋《あっせん》や関連事業に参入しており、民泊は徐々に広がっていくとみられる。

総索引

【あ】
アイコンタクト（平成五年）――34
アウフヘーベン（平成二十九年）――235
赤ちゃんポスト（平成十九年）――152
あげまん（平成二年）――13
足湯（平成十五年）――120
アニマルセラピー（平成九年）――64
アベノミクス（平成二十五年）――207
天上がり（平成八年）――57
アラフォー（平成二十年）――169
安全神話（平成七年）――50
アンチエイジング（平成十五年）――121
【い】
eスポーツ（平成三十年）――241
イクメン（平成二十二年）――189
一億総活躍社会（平成二十七年）――224
インスタ映え（平成二十九年）――236
インターネットカフェ（平成七年）――51
【う】
ウルトラマン世代（平成三年）――19
【え】
AO入試（平成二年）――14
エボラ出血熱（平成二十六年）――216
LGBT（平成二十二年）――190
遠距離恋愛（平成二十二年）――191
援交（平成八年）――58
炎上（平成十七年）――136
エンディングノート（平成十五年）――122
エンバーミング（平成六年）――42
【お】
お祈りメール（平成十九年）――153
オーガニック（平成四年）――27

オープンキャンパス（平成十年）――74
お宝（平成十二年）――97
オタク（平成元年）――6
お立ち台（平成三年）――20
お局さま（平成元年）――7
鬼嫁（平成十七年）――137
お姫様抱っこ（平成十二年）――98
オヤジギャル（平成二年）――14
オレオレ詐欺（平成十五年）――123

【か】
GAFA（平成三十年）――242
価格破壊（平成六年）――43
格差社会（平成十六年）――130
火砕流（平成三年）――21
貸し渋り（平成十年）――75
仮想通貨（平成二十六年）――217
学級崩壊（平成十年）――76
神ってる（平成二十八年）――232
カラオケボックス（平成元年）――8
下流社会（平成十七年）――138
下流老人（平成二十七年）――225
加齢臭（平成十三年）――109
官官接待（平成七年）――52
環境難民（平成三年）――21
環境ホルモン（平成九年）――65
官製談合（平成十七年）――139

【き】
危険ドラッグ（平成二十六年）――219
帰宅難民（平成二十三年）――198
逆ギレ（平成十年）――77
キャラ立ち（平成十九年）――154
キラキラネーム（平成十二年）――100

【く】
クールジャパン（平成二十五年）――208
クールビズ（平成十七年）――140

【け】
KY（平成十九年）――155
ゲリラ豪雨（平成二十年）――170

健康寿命（平成十年）――79

【こ】

小顔（平成九年）――66
コギャル（平成五年）――35
ご飯論法（平成三十年）――244
婚活（平成十九年）――156

【さ】

サイバーテロ（平成十年）――80
裁判員裁判（平成二十一年）――182
さとり世代（平成二十五年）――210
サポーター（平成五年）――36
散骨（平成三年）――22

【し】

シェアハウス（平成十八年）――145
時短（平成三年）――24
失楽園する（平成七年）――53
指定暴力団（平成四年）――28
自撮り（平成二十七年）――226
シネコン（平成五年）――37
自爆テロ（平成十六年）――131
地ビール（平成六年）――44
渋谷系（平成七年）――53
終活（平成二十一年）――183
樹木葬（平成十一年）――90
准教授（平成十九年）――157
少子社会（平成四年）――29
静脈産業（平成二年）――15
食育（平成十年）――81
女子会（平成二十二年）――192
人工知能（平成十八年）――146
深層水（平成十二年）――101
身体検査（平成十九年）――158

【す】

睡眠負債（平成二十九年）――238
ストーカー（平成十二年）――102
スムージー（平成八年）――58

【せ】
生活習慣病（平成八年）――59
清貧（平成四年）――30
セカンドオピニオン（平成十年）――82
セクハラ（平成元年）――8
セックスレス（平成三年）――25
絶対音感（平成十年）――83
セレブ（平成十一年）――91
ゼロエミッション（平成六年）――45
せんべろ（平成十五年）――124

【そ】
草食男子（平成二十一年）――184
想定内（平成十七年）――141
ＳＯＨＯ（平成九年）――67

【た】
ダークツーリズム（平成二十五年）――211
脱北者（平成十四年）――114
タメロ（平成十一年）――92
断捨離（平成二十一年）――185

【ち】
地産地消（平成二十年）――171
茶髪（平成六年）――46
ちょい飲み（平成二十七年）――227

【つ】
ツーショット（平成六年）――46
津波てんでんこ（平成二十三年）――199
ツンデレ（平成十八年）――148

【て】
ＤＶ（平成十二年）――104
抵抗勢力（平成十三年）――110
鉄子（平成十九年）――159
デトックス（平成十五年）――125
デフレスパイラル（平成十年）――84
デューダする（平成元年）――9

【と】
刀剣女子（平成二十七年）――228
都市伝説（平成元年）――10

どや顔（平成十八年）――149
トリビア（平成十四年）――116
鈍感力（平成十九年）――160

【な】
内部告発（平成十四年）――116

【に】
ニート（平成十六年）――133
認知症（平成十六年）――134

【ぬ】
濡れ落ち葉（平成元年）――12

【ね】
ネグレクト（平成九年）――68
ねじれ国会（平成十九年）――161
ネットカフェ難民（平成十九年）――162

【の】
脳トレ（平成十五年）――126

【は】
排除の論理（平成八年）――60
爆買い（平成二十七年）――229
爆弾低気圧（平成二十四年）――204
派遣切り（平成二十年）――173
パソ婚（平成六年）――47
パパラッチ（平成九年）――69
パラサイトシングル（平成十二年）――104
バリアフリー（平成十二年）――106
ハローワーク（平成二年）――16
パワースポット（平成二十一年）――186
晩婚化（平成十年）――85

【ひ】
ひきこもり（平成十二年）――107
ビジュアル系（平成九年）――70
美白（平成十一年）――93
ビフォーアフター（平成十五年）――127
美魔女（平成二十二年）――193
氷河期（平成六年）――48

【ふ】
風評被害（平成八年）――61
フーリガン（平成十四年）――118
フェイクニュース（平成二十八年）――233
伏魔殿（平成十三年）――111
夫源病（平成二十三年）――200
父子手帳（平成七年）――54
富裕層（平成十七年）――142
ブラック企業（平成二十四年）――205
ふるさと納税（平成二十年）――174
プレミアムフライデー（平成二十九年）――239
ブログ（平成十八年）――150
フロント企業（平成四年）――31
【へ】
ヘイトスピーチ（平成二十五年）――212
ペットロス（平成二十年）――175
【ほ】
ほめ殺し（平成四年）――32
【ま】
マイナンバー（平成二十八年）――234
マイブーム（平成九年）――71
マインドコントロール（平成五年）――38
負け犬（平成十六年）――135
マタハラ（平成二十六年）――220
まったり（平成十年）――86
マニフェスト（平成十五年）――128
【み】
ミシュラン（平成十九年）――163
民泊（平成三十年）――245
【む】
無縁社会（平成二十二年）――194
【め】
メイドカフェ（平成十三年）――112
メークドラマ（平成八年）――62
メガヒット（平成九年）――72
メセナ（平成二年）――17

メタボ（平成十七年）――143
メルトダウン（平成二十三年）――201
メル友（平成十一年）――94

【も】
猛暑日（平成十九年）――165
モテ期（平成二十二年）――195
モラハラ（平成二十七年）――230
モンスターペアレント（平成十九年）――166

【や】
山ガール（平成二十二年）――196
闇サイト（平成十九年）――167
ヤンママ（平成六年）――49

【ゆ】
ゆるキャラ（平成二十年）――176

【り】
リベンジ（平成十一年）――95

【れ】
レガシー（平成二十六年）――221
歴女（平成二十一年）――187
レジェンド（平成二十六年）――222

【ろ】
老人力（平成十年）――87
老老介護（平成七年）――55
ロスジェネ（平成二十年）――177

【わ】
ワーキングプア（平成二年）――18

〈主要参考資料〉　※掲載年月日・版は略した

「朝日新聞」
「読売新聞」
「毎日新聞」
「東京新聞」
「中日新聞」
『広辞苑』（新村出編　岩波書店）
『現代用語の基礎知識』（自由国民社）
『知恵蔵』（朝日新聞社）
『平凡社百科年鑑』（平凡社）
『日本大百科全書』（小学館）
『外辞苑　平成新語・流行語辞典』（亀井肇　平凡社）
『新語・流行語大全』（木村傳兵衛、谷村由布子　自由国民社）
『平成・新語×流行語小辞典』（稲垣吉彦　講談社）
この他、各種辞書・新聞・書籍・雑誌類を適宜参照した。

平成新語《へいせいしんご》 出《で》どこはどこ？
2019年４月10日　第１刷発行

著者
中村三郎《なかむらさぶろう》

発行者
富澤凡子

発行所
柏書房株式会社
東京都文京区本郷2-15-13（〒113-0033）
電話（03）3830-1891［営業］
（03）3830-1894［編集］

装丁
藤塚尚子（e to kumi）

DTP
株式会社明昌堂

印刷
壮光舎印刷株式会社

製本
株式会社ブックアート

ISBN978-4-7601-5099-1